歴史文化ライブラリー

111

古代の神社と祭り

三宅和朗

吉川弘文館

目次

カモ神社の二つの祭り――プロローグ

葵祭の行列

一九九九年（平成一一）五月一五日、午前一〇時過ぎ、私は京都御所の南（堺町御門付近）で、京都御所を出発し下鴨《しもがも》神社・上賀茂《かみがも》神社へと向かう葵《あおい》祭の行列が通るのをじっと待っていた。五月の半ばというのに気温はもはや三〇度になろうかという暑い日差し、汗ばむ陽気のもと、大勢の人込みの中、行列の通過を待ち続けるのにはいささかうんざりさせられた。しかし、その間、周囲の見物人の話声に聞き耳をたててみると、さまざまな会話が耳にとびこんでくる。「横浜の方からわざわざ見にきたんです」、「行列は皆、学生のアルバイトですよ」などなど。

そのうちに待ちに待った行列が目の前をゆっくりと、じつに静かに通り過ぎていく。想像していたよりも緩慢な、退屈な感じを受けたが、見物する側は身を乗り出したり、カメラやビデオを構えたり、行列についての感想を口にしたり、とにかく騒がしい。それでも検非違使《けびいし》、山城使、馬寮使《めりようし》、牛車《ぎつしや》、近衛使《このえし》、風流傘《ふりゆうかさ》、斎王代《さいおうだい》……と続く行列は、さながら平安時代の賀茂祭《かものまつり》（葵祭の本来の名称）に思いを馳《は》せさせてくれる。そういえば、古代の賀茂祭も見物人でごったがえしていたはずである。

『源氏物語』葵巻は、賀茂祭の三日前に行われる斎王《さいおう》の御禊《ごけい》の行列について、その見物の場面をつぎのように描写している。

一条の大路所なくむくつけきまで騒ぎたり。所どころの御桟敷《さじき》、心々にし尽くしたるしつらひ、人の袖口さへいみじき見物《みもの》なり。

御禊の行列は平安京の一条大路を東進した。立錐《りつすい》の余地もなく、恐ろしいほどに雑踏《ざつとう》している。しかも、一条大路に面して桟敷が設けられて、その思い思いに趣向をこらした飾り付けや、女房の出《いだ》し衣《ぎぬ》の袖口までもがたいへんな見物であるという。そのような中、葵の上は源氏が斎王御禊の行列に加わるというので見物に出るが、物見車が隙間なく立ち並んでいたので、お忍びで見物に来ていた六条御息所《みやすどころ》の列に乗り入れた。有名な「車争い」の一節である。

……つひに御車ども立てつづけつれば、副車《ひとだまい》の奥に押しやられてもものも見えず。……ものも見で帰らんとしたまへど、通り出でん隙もなきに、「事なりぬ」と言へば……

六条御息所の車は、「副車」（お供の女房の車）の後ろに押しやられて、何も見えない。見物も止めて帰ろうとしたが、今度は抜け出る隙間もない。その時、「それ行列よ」というので、やはり、御息所は源氏の美しい姿を見るのであった。

賀茂祭の桟敷

『源氏物語』にもあったとおり、賀茂祭の行列を平安時代の貴族たちは一条大路に桟敷を設けて見物した。桟敷の存在が史料上確認できる最初の例は、『百錬抄《ひゃくれんしょう》』永延二年（九八八）四月二〇日条である。

斎王、御禊す。摂政、左府《きふ》の桟敷に向はる。院の三・四両親王、同じく渡御す。……

この時の斎王は、天延三年（九七五）から五七年間にもわたって斎王であり、大斎院と称された選子《のぶこ》内親王。賀茂祭前の斎王御禊の行列を摂政藤原兼家は、左大臣源雅信《まさのぶ》の桟敷から見物した。そこには、「院」（冷泉《れいぜい》上皇）の皇子、為尊《ためたか》・敦道《あつみち》親王も同席したという。

『栄花物語』巻八「はつはな」からは、寛弘二年（一〇〇五）、賀茂祭の時に設けられた藤原道長の一条桟敷の様子がうかがわれる。

殿は、一条の御桟敷の屋長々と造らせたまひて、檜皮葺《ひわだぶき》、高欄などいみじうおかしうせさせたまひて、この年ごろ御禊よりはじめ、祭を殿も上も渡らせたまひて御覧ずるに……

「殿」(道長)は、「上」(妻の源倫子《ともこ》)とともに斎王の御禊と賀茂祭当日の行列を見物したとあるが、その場所は「一条の御桟敷の屋」であった。桟敷には「檜皮葺、高欄」などがたいそう趣き深く設けられていたという。

このような賀茂祭見物用の桟敷は、一〇世紀後半から史料に見えはじめ、以後、院政期にかけて盛んになっていった。桟敷は大きくわけて、邸宅の築垣《ついがき》を利用し、それにそって檜皮葺の軒をつけ、打板《うちいた》の上に畳座を敷き、高欄を構えるものと、築垣をこわし、その空地に一屋を営み、その内部には簾《す》や軟障《ぜじよう》などを備えたものの二つのタイプがあったと指摘されている(林屋辰三郎「平安京の街頭桟敷」〈『古代国家の解体』東京大学出版会、一九五五年〉)。道長の一条桟敷は前者のタイプに属するといえよう。

ところで、『年中行事絵巻』の賀茂祭行列には、二つの大きな桟敷が描かれている。一つの桟敷は七間屋で、僧侶と稚児《ちご》の見物の座である。もう一つの方の桟敷は九間屋で、とくに左側の五間屋には御廉《みす》が下がっている。おそらくは、院・女院、あるいは関白などの高貴な身分の人々が見物しているのであろう。桟敷の右手前や門のところに警護役の随身《ずいじん》がすわっているのもそのためとみられる。また、別の四間屋は公卿《くぎょう》や殿上人《てんじょうびと》の座であろう。

もっとも、この時の賀茂祭行列は一条大路を通っているわけではなかった。行列は東西の棟門《むなもん》のうち、西側の門から入り、桟敷の前を通って東側の門に抜けているからである。とすれば、行列は、時には、高貴な人の御覧に入れるために、わざわざ一条大路からはずれ、特別に設営された貴賓席の前を通過したこともあったといえよう。また、『年中行事絵巻』からも明らかなように、行列の見物は桟敷からなされるだけではなかったことも忘れてはならない。いうまでもなく、桟敷からの見物は特別な身分のものに限られていた。多くの一般庶民は地面に座り込んだり、木に登ったりして、行列の通過を見物したのであった。

過差　平安時代の賀茂祭には数多くの禁制《きんぜい》が出された。その一例を紹介しよう。

天延三年（九七五）三月一日の太政官符によると、賀茂祭の斎王御禊や賀茂祭当日の行列に従う従者の数は、四位が八人、五位が六人、六位が四人と決まっているが、最近、五、六〇人から七、八〇人の従者を率いるものがいること、また、祭使が非色《ひじき》の衣・袴を着用していること、の二点をあげて禁止している（『政事要略』）。非色の衣・袴とは、身分不相応の装束のことである。古代の装束が身分を可視的に表示する機能をもっていたことを念頭におくと、賀茂祭の従者の数や装束は身分を超えた奢侈《しゃし》として、国家によって取り締まりの対象となったといえよう。

長和二年（一〇一三）四月一九日には、斎王の御禊や賀茂祭使の従者は二〇人、童は六人までとし、織物の着用と二襲《かさね》の童装束を禁ずる勅が出されている（『小右記《しょうゆうき》』）。その五日後、藤原実資《さねすけ》は賀茂祭の行列を大宮院北辺で見物した。その時の様子を実資は『小右記』につぎのように書きつけた。近衛使の左少将忠経は、織物を着用した童を一〇人、雑《ぞう》色《しき》と舎人《とねり》を合わせて五〇人を従え、うち雑色の四〇余人は皆、絹の狩衣・袴を着用しているなど、「過差《かさ》の甚《はなはだしき》、例年に万倍す」と。

当時、このような行為は「過差」（分に過ぎたおごり、ぜいたく）とされ、政府は禁制を出して、これを取り締まった。賀茂祭をめぐる禁制は一〇世紀以降、院政期にかけてしばしば出された。とくに、禁制の対象は行列における従者の数と装束に集中している。同様な禁制が繰り返されたということは、禁制の中身が容易に守られなかったことの証でもある。おそらくは、賀茂祭の行列を桟敷まで用意して〝見る人〟は、華美な行列を期待する一方、行列に加わる側の〝見られる人〟は、人目を引くよう、威信をかけていっそう華やかな装束を整えるといった関係があったのであろう。その結果、賀茂祭の行列は「過差、極無し」(『小右記』寛仁三年〈一〇一九〉四月二三日条)、「狂乱の世」(同、万寿元年〈一〇二四〉四月一七日条)などと評されたのである。

しかしながら、かかる賀茂祭の奢侈に対しては、別の見方もあったことを指摘しておきたい。先に引用した『栄花物語』の続きを取り上げてみよう。

……さしもあらぬだに、この使に出で立ちたまふ君達は、これをいみじきことに親たちはいそぎたまふわざなれば、まいてよろづことわりに見えさせたまふ。御供の侍、雑色、小舎人、御馬副《うまぞい》までしつくさせたまふほど、えぞまねばぬや。(それほどの身分ではなくても、賀茂祭の使にお立ちになる君達は、これをたいそう名誉なこととして親たちは支度されるものであるから、なおさらのこと今年は道長の御子息とて、この盛大さは当然のことと御見受けされる。御供の侍、雑色、小舎人、御馬副まで善美を尽くされたご様子はとてもそのまま書き記すことはできない。)

寛弘二年(一〇〇五)、道長が一条大路に桟敷を設けて行列を見物したのは、子息の頼通が近衛使に任命されたためであった。しかし、同年に頼通が近衛使になったというのは史実ではない。使は源雅通であり（『小右記』）、頼通自身、祭使を勤めたことはなかったらしい。この点で、『栄花物語』の文章には問題も残るが、その記述の背景まで疑う必要はないだろう。いずれにしても、ここで留意しておきたいのは、『栄花物語』が道長が頼通の装束に心配りをするのを「ことわり」として容認している点である。すくなくとも、『栄花物語』からは、道長の過差を問題視している風はまったく感じられない。賀茂祭の過差には、貴族の「ことわり」が矛盾することなく共存していたのである。

九世紀前半にはじまった賀茂祭（賀茂祭の開始時期については後述する）の行列も、一〇世紀に入ると、肥大化していった。その端的な表われが一条大路の桟敷であり、賀茂祭行列の過差への禁制であったといえよう。では、なぜ、このように賀茂祭は肥大化していったのであろうか。

その原因については、賀茂祭の行列を〝見る人〟としての都市民の出現が指摘できる。すなわち、平安京は本来、平城京などと同様に天皇や官僚の居住区であったが、一〇〜一一世紀になると、京内に根を下ろして生活する都市住民が登場してくる。賀茂祭の行列の見物人が増えてきた一因はそこにあったのだろう……などと、葵祭の行列を見ながら、古代の賀茂祭にあれこれと思いをめぐらしているうちに、五〇〇人にも及ぶ行列の最後尾として、牛車が目の前を通過していった。牛車が通りすぎると、見物人はいっせいに立ち上がり、あたりは以前にも増してひどい雑踏になっていった。そのような中、私は葵祭の行列の終着点でもある上賀茂神社に急いだ。

もう一つの行列

葵祭の行列を迎える前の上賀茂神社の境内は、思いのほか静かであった。五月一五日は午後一時半から本殿祭が行われ、午後三時半ごろから葵祭の行列が到着して神事が繰り広げられる。しかし、ここで取り上げてみたいのは、葵祭の三日前にすでに行われたはずの御阿礼《みあれ》祭の方である。

御阿礼祭は現在、五月一二日、午後八時から行われている。上賀茂神社の北方、約二・五キロのところに、神山《こうやま》という神体山がある。御阿礼祭の前に、本殿と神山とを結ぶ線上で、本殿の後方約五〇〇メートルのところの御阿礼所に御囲《おかこい》が設けられる。御囲とは、高さ二メートルほどの松杭を立て、それに松の横木を三段に組んで、四面に松・檜・榊などをびっしりと挿し込むというもので、その中心から垣の外に角のように突き出す御休間木《おやすまぎ》（杉の丸太）が二本立てられた。御阿礼祭では、この御囲に上賀茂神社の祭神（別雷命《わけいかずちのみこと》）が神山から迎えられ、さらに、神職の手で神社の境内に神幸せしめられるのである。

御阿礼祭の神幸とは、いっさいの灯火が消された中、五人の矢刀禰《やとね》（神職）が、それぞれ手に一本ずつ、榊の枝（御阿礼木）を持って神を境内に迎えるというものであり、境内では、第一・第二の榊は棚尾《たなお》神社の神前に、第三・第四・第五の榊は切芝《きりしば》の遥拝《ようはい》所に立てられる。棚尾神社や切芝の遥拝所については後に述べることとしたいが、榊が切芝の遥拝所に立てられると、灯火が点《つ》けられるという（座田司氏《さいたもりうじ》「御阿礼神事」〈『神道史研究』八―二、一九六〇年〉）。

御阿礼祭は非公開の祭りである。この祭りをのぞき見たものは一年以内に命を落とすといわれている。したがって、御阿礼祭そのものを見学することはできないが、幸い、私は上賀茂神社の許可を得て、御阿礼所を見せていただいた。

葵祭の最後に、山駆《やまがけ》がある。これは一の鳥居から二の鳥居まで疾走した走馬《はしりうま》が、さらに裏門をぬけて、御阿礼所まで走る儀である。境内の北側は現在ゴルフ場になっているが、かつては深い森であったという。山駆の馬を追って、私は二〇人ほどの人とともに御阿礼所に向かった。すでに、六時を過ぎていただろうか。夕闇せまる森の中、御阿礼所の前に立つことができた。あたりの静寂に加えて、緑に囲まれた垣、角のような格好で突き出た御休間木がことのほか印象的であった。三日前の御阿礼祭では、この御阿礼所から、真夜中、小さな、静かな行列が上賀茂神社の境内を目指して出立したはずである。

以上、葵祭・賀茂祭（斎王御禊と当日）と御阿礼祭の行列について述べてきた。ここで二つの行列を比較し、問題点を整理しておきたいと思う。

両者の相違としてまず注意されてよいのは、葵祭の行列が見物の対象となった点である。華やかな行列は大勢の見物人の前を京都御所から丸太町通、河原町通を通って、下鴨神社・上賀茂神社へと進んだ。古代では、行列は一条大路を東進したが、見物人の多さという点では共通するところがある。それに対して、御阿礼祭の方は公開されていない。祭りを見てはならないというタブーが現在も生きているのである。

第二に、葵祭の行列は昼間、都大路を進んでいる点である。古代の賀茂祭の行列が一条大路を進むのは夕刻が多いが、華やかな行列は人目につくよう、暗くなる前に移動したのである。前述のように、行列の華やかさはしばしば過差として非難の対象ともなった。それとは対照的に、御阿礼祭の方は真夜中の行列であった。しかも、灯火はすべて消された中で行われている。祭りの行われる時間帯という点でも両者の相違は際立っているのである。

第三として、行列を構成した人々も相違している。すなわち、古代賀茂祭では斎王につきしたがう形で近衛使・内蔵使・馬寮使など、数多くの国家の官人が行列を構成した。それに対して、御阿礼祭の方は上賀茂神社の神職が神事に奉仕したのであって、国家の官人とは無関係であった。

第四として、葵祭・賀茂祭の行列はあくまでも人間の行列であったという点である。祭りの行列ではあるが、勅使が幣帛《へいはく》を捧げるためのものであって、行列の中に神は不在であった。神は神社の本殿で行列の到着を待つという関係にあった。一方、御阿礼祭の行列は神が中心である。矢刀禰が手にした榊の枝に神がのりうつり、行列とともに御阿礼所から境内へと神は移動したのである。

このように、同じ祭りの行列といっても、賀茂祭と御阿礼祭との間には祭りとして簡単に一括《ひとくく》りにできないほどの開きがあった。すなわち、天皇が斎王や勅使を下鴨・上賀茂神社に派遣して行う、王権の祭りとしての賀茂祭と、一地方神社の祭りとしての御阿礼祭との差異である。本書で解明したいのは、まさにこの点にかかわっている。

本書の意図と構成

本書では、京都の上賀茂神社をめぐって行われた二つの祭り、すなわち、賀茂祭と御阿礼祭を取り上げて、古代の神社や祭りの諸様相に迫ってみたいと思う。プロローグとして、葵祭（賀茂祭）と御阿礼祭の行列について論じたが、両者の相違は古代の神祭りを考えるうえで重要な手がかりになると考えている。

そこで、本書の構成であるが、まず、「古代神々の世界」では、神社成立以前の神々の世界を探ってみた。基層信仰の神は自然界とのつながりが強く、神社には常設の神殿がはじめから設けられていたわけではなかった。そのような世界を神社や祭りに関する古語を手がかりに考察し、神社に常設の神殿が設けられるようになった経緯について論じた。これは上賀茂神社の祭りや信仰を位置づける前提作業といえる。「カモ神社とカモ県主《あがたぬし》」では、下鴨神社・上賀茂神社について紹介し、あわせて両社を奉斎したカモ県主一族についても『下カモ系図』などをもとに検討を加えた。「平安時代の賀茂祭」では、賀茂祭の開始時期や性格を考察し、その後で儀式書の記載をもとに平安期の賀茂祭を詳しく考察した。

つぎの「カモ神社の御阿礼祭」では、『山城国風土記』逸文《いつぶん》や『年中行事秘抄』所引「旧記」の起源伝承から、古代の御阿礼祭を復元し、賀茂祭との性格の相違を明らかにした。最後に「王権・国家の祭りと神社」という一章を置いたのは、本書で指摘した上賀茂神社をめぐる古代神祭りの諸様相が、けっして上賀茂神社特有の問題ではなかったことを指摘しておきたかったからである。

なお、本書ではカモの表記について、以下の理由から賀茂祭以外ではすべて「カモ」と表記することとした。現在、下鴨神社と上賀茂神社ではカモの字が使い分けられている。

また、カモ川も賀茂川と高野川の合流点までは賀茂川、それ以南は鴨川と書き分けられている。しかし、この書き分けは古代においては、さほど明瞭ではない。たとえば、カモ神社について見ると、『延喜式』九「神名帳」には、下社は賀茂御祖《みおや》神社、上社は賀茂別《わけ》雷《いかずち》神社とあり、平安時代の正式名称ではどちらも賀茂であった。カモ県主も同様である。『三代実録』貞観五年（八六三）四月一五日条には「賀茂上社禰《ね》宜《ぎ》正六位上賀茂県主真当、下社禰宜従六位上鴨県主時主ら、並びに外従五位下を授く」とあるので、一見すると上社と下社の間で書き分けがなされているかのごとくであるが、『三代実録』貞観一六年（八七四）八月二〇日条では下・上社の禰宜はともに賀茂県主と記されている。

このような例をあげていくときりがないが、やはり、古代では賀茂と鴨の用字上の区別は判然としたものではなかったようである。ただし、賀茂祭については鴨祭と表記した例が少ないように思うので、本書ではこれ以降、史料からの引用は別として、賀茂祭に限って「賀茂」を使用し、それ以外は原則的に「カモ」と表記することとした。

もう一点、下・上カモ社を併記する場合、上・下社の順で書くのか、下・上社とするのかという問題がある。上社を先に書く史料も少なくないが、御祖社と別雷社という形で両社が並ぶ場合は前者を先とするのが慣例らしい（たとえば、『三代実録』貞観元年〈八五九〉

七月一四日条)。それゆえ、本書では、下・上社の順番で記述した。
前置きは以上にとどめて、さっそく本題に入っていこうと思う。

古代神々の世界

神殿成立以前

神殿のない神社

今日、神社には神殿があり、初詣や七五三などのさまざまな機会に、人々は拝殿を通して、神殿に鎮まっているはずの神を拝んでいる。常設の神殿は神社には当然の存在とみなされているのだろう。

しかしながら、現在でも常設の神殿をもたない神社が存在していることも周知のとおりである。たとえば、奈良県桜井市の大神《おおみわ》神社は背後の三輪山を御神体とし、神殿をもたない。三輪山の麓にある、りっぱな社殿は寛文四年（一六六四）に再建された拝殿である（一九九七年〈平成九〉から一九九九年〈平成一一〉にかけて解体修理）。埼玉県児玉郡の金鑚《かなさな》神社も同様で、同社は『延喜式』神名帳に金佐奈神社とみえる古社であるが、御室《みむろ》山という神体山の麓に鎮座しているのは拝殿で、拝殿を通して、御神体である山そのものを拝む形になっている。

このような神殿をもたない神社の例は、古代の史料の中にも拾うことができる。『出雲国風土記』意宇《おう》郡条には、つぎのようにある。

謂《い》はゆる意宇杜《もり》は、郡家の東北の辺、田の中に在る塾《こやま》、是なり。囲み八歩許《ばかり》、其の上に一もとの茂れるあり。

「意宇杜」とは周囲一四メートルばかりの「塾」であった。「塾」の上には木が茂っているという。ここには神殿の存在は認められない。

おなじく、『出雲国風土記』秋鹿《あいか》郡条にも、

足高野山。郡家の正西一十里廿歩なり。高さ一百八十丈、周り六里なり。土体豊沃え、百姓の膏腴《ゆたか》なる園なり。樹林なし。但、上頭《みね》に樹林あり。此は則ち神の社なり。

として、「足高野山」という山（現、本宮山）の山頂付近に樹林があり、そこが「神の社」だといっている。この神社も樹林だけで神殿があったようには読み取れないところであろう。

延暦二三年（八〇四）に伊勢神宮から神祇官に宛てて提出された史料として『皇太神宮

儀式帳』がある。この中に、内宮所管の神社（摂社）の一つとして滝祭神社があがっている。滝祭神社には、注記として「大神宮の西の川辺に在り。御殿無し」とあるので、この場合は確実に神殿のない神社とみられる。

このようにみてくると、基層信仰では神社が常設の神殿をもつこと自体がけっして当たり前のことではなかったことがうかがわれる。そこで、この点をもう少しはっきりさせるために、『古事記』『日本書紀』『風土記』『万葉集』に散見している神社や祭りに関係する古語を検討してみよう。以下に掲げる古語は、おおむね七〜八世紀ころのものとみられようが、古語を通して、古代の神々の世界を大観してみたいと思うのである（池辺弥『古代神社史論攷』〈吉川弘文館、一九八九年〉参照）。

イワクラ・イワサカ

どちらも岩石に対する信仰で、とくにイワクラの場合、巨岩を神の依《よ》り代《しろ》、招《お》ぎ代として信仰するケースが多い。

イワクラの典型的な例として、まず、一九八九年に発掘調査された、静岡県引佐《いなさ》町の天白磐座《てんぱくいわくら》遺跡を取り上げておこう。同遺跡は式内社の渭井《いい》神社本殿背後の小丘上、約四〇メートル平方に巨岩が累々《るいるい》とあり、巨岩の周囲を発掘した結果、四世紀後半から一三世紀中ごろの遺物が出土したというものである。遺物の大半は手づくね土器で、ほかに滑石製勾玉《まがたま》・鉄矛・経筒外容器などもあったが、この巨岩こそ、神が依りつくイワクラであることは間違いない。イワクラのある小丘は、神宮寺川のほとりにあり、近くには今も八《はち》幡堰《まんせき》があるので、同遺跡が古代の水源祭祀に関わるものと考えられている。

和歌山県新宮市の神倉神社は市の西端、権現山（標高二五三メートル）の山頂部にあるゴトビキ岩（ゴトビキとはカエルの意）と呼ばれる巨岩が中心で、その巨岩にへばりつくように小さな神殿が建てられている。巨岩の下からは銅鐸《どうたく》の破片もみつかっており、ゴトビキ岩は古代のイワクラとみられる。

三重県熊野市の花の窟《いわや》神社は海岸部に位置している。御神体は高さ七〇メートルもある岩山（崖）である。岩山の前には玉垣があるのみで、イザナミノミコトを祭っているが、神殿がない。この岩山もイワクラで、海からの神を迎える招ぎ代であろう。

平群石床《へぐりいわとこ》神社は奈良県平群町にあり、式内社である。ここには旧社地と現社地とがあり、旧社地は高さ九メートル、幅一八メートルの巨岩を御神体とするもので、巨岩の前には鳥居があるだけで、本殿などの建物はいっさいない。現社地は旧社地から少し離れたところにあり、一九二〇年（大正九）に本殿と拝殿を設け、一九二三年（大正一二）に旧社地から遷座した。現社地の鳥居の前には「式内大社平群石床神社」と刻んだ石柱が建っているが、古代に溯る平群石床神社は旧社地の方であることはいうまでもない。

このようなイワクラの例はあげれば枚挙にいとまがないほど多い。茨城県鹿嶋市の鹿島神宮境内の、地震ナマズを押さえつけているという要石《かなめ》、滋賀県大津市、日吉大社（東本宮）境内の牛尾山（神体山）山頂付近にある金《こがね》の大巌《おおいわ》、三輪山山中にみえる辺津磐座《へついわくら》、中津磐座、奥津磐座という三つの大きなイワクラ群、大阪府交野《かたの》市の磐船《いわふね》神社の巨岩などが指摘される。

それに対して、イワサカの方は手がかりに乏しい。史料上では『日本書紀』神代第九段第二の一書に「天津磐境《いわさか》」、『出雲国風土記』意宇郡条に「石坂神社」とある。サカ（境・坂）は境界を表わすのであろう。すなわち、イワサカとは石で神聖な場所を区画したものといえよう。しかし、その実例が少ない。あるいは、イワクラのような恒常的なものではなく、一時的に石で区画を設定しただけのものかもしれない。

そのような中で、注目されてよいのは、奈良市の春日大社東方に位置する神体山の御蓋《みかさ》山を、南北に区画する積石《つみいし》列石である。この積石列石とは御蓋山南麓の摂社紀伊神社から山頂へ、さらに山頂から若草山麓にまで拳《こぶし》大の石が並べられているというもので、途中、三ヵ所の石積の方形基壇もある。この遺構については、発掘調査もなされておらず、十分なことは不明というほかないが、右記の点以外で判明しているのは、列石の幅は広いところで三七㍍にも及んでいること、列石を構成する何種類かの石材のうち、花崗岩以外は付近に産するものではなく、余所《よそ》から運ばれてきたものであるらしいことなどにすぎない(『春日大社古代祭祀遺跡調査報告』春日顕彰会、一九七九年)。この神体山を区画している列石は、イワサカとみてよいのではないだろうか。

モリ

石川県羽咋《はくい》市の気多《けた》大社には、本殿の後ろに「入らずの森」と呼ばれる、約三万平方㍍にも及ぶ大きな社叢《しゃそう》がある。社叢はタブ・ツバキ・スダジイ・ヒサカキなどが繁茂する原生林である。人の立ち入りを拒むモリは神の坐す世界であった。

『万葉集』では「森」「杜」をモリと訓《よ》んでいるが、他に「神社」もモリと訓んだ例がある。それは「木綿《ゆう》懸けて斎《いつ》くこの神社《もり》越えぬべく思ほゆるかも恋の繁きに」(七―一三七八)という歌で、大意は木綿をかけて祭るこの神社さえも踏み越えてしまいそうな気持ちがする。恋心がしきりにするので、というものだが、「神社」はモリと訓まれており、ここでは「神社」がモリそのものであったと考えられよう。

そもそも、われわれにとって身近なところに鎮守の森があるが、その森も神が住まう空間であった。鎮守の森といえば、昼なお暗いというイメージが思い浮かぶであろうが、それにはうっそうとした神のモリの存在が前提にあるからに他ならない。

鎮守の森の中には一本の巨木に注連縄《しめなわ》がかけられて、周囲の木々とは区別されているのをしばしば目にする。この特別な木は御神木である。御神木も実例は多いので、代表的なものに限ってあげておこう。

春日大社の一の鳥居を入った右手に、影向《ようごう》の松がある。現在の影向の松は、すでに何代かを経たもので、周囲の松と比べても、平凡な松の小木にすぎない。毎年一二月一六日、春日若宮おん祭では、この松の木の前で、お練《ね》りの行列一行が足を止め、芸能を披露するという、松の下の式が行われる。おん祭では、神はこの松の木に来臨するのであろう。影向とは神仏が姿を現わす意味であることからも、まさに影向の松は神の依り代であった。ちなみに、この松の木は能舞台正面の鏡板に描かれた松のモデルになったといわれている。

鹿島神宮本殿の真後ろに、杉の巨木（樹高四三メートル、樹齢一二〇〇年）がある。拝殿から本殿の神を拝むと、巨木も同時に拝む形になっている。したがって、この杉の巨木も御神木とみてよい。拝殿の手前からはちょうど、拝殿中央の屋根越しに御神木をのぞむことができる。

古代の史料の中に御神木を探してみると、つぎの例が知られる。『常陸国風土記』久慈郡条に、立速男命《たちはやおのみこと》という神が「本《もと》、天《あめ》より降りて、即ち松沢の松の樹の八俣《やまた》の上に坐しき」とある。また、『本朝月令《ほんちょうげつれい》』は平安時代の年中行事をまとめた史料であるが、その中の「四月上申日松尾祭事」に、松尾の神（京都市西京区嵐山宮町の松尾大社）が「此の樹（葛野郡家の槻《つき》の木―引用者注）は我、時々来遊する木なり。而《しか》れば伐《き》り取ること然《しか》るべからず」と託宣したとある。どちらの場合も、特定の樹木に神が来臨しており、これが御神木であったことはいうまでもない。

『年中行事絵巻』巻八にも御神木が描写されている（図1）。烏帽子《えぼし》・狩衣《かりぎぬ》姿の人物が老木に向かって柏手を打って拝んでいる図であるが、その老木の周囲には神殿など、建物がまったく描かれていない。御神木に対する、古い信仰を示す一例といえよう。

御神木が発掘調査でみつかった例もある。愛媛県松山市の宮前川遺跡では、根株の中心から根末まで、約一一・五メートル、推定で胸高直径約二メートルのクスノキの巨木（根元の部分）が発見された。根元近辺からは、弥生時代後期の土器が大量に出土しており、このクスノキが人々の信仰の対象となっていたものと思われる。

モリや御神木は樹木に対する崇拝であるが、古代の神社の景観としては、樹木に覆われ

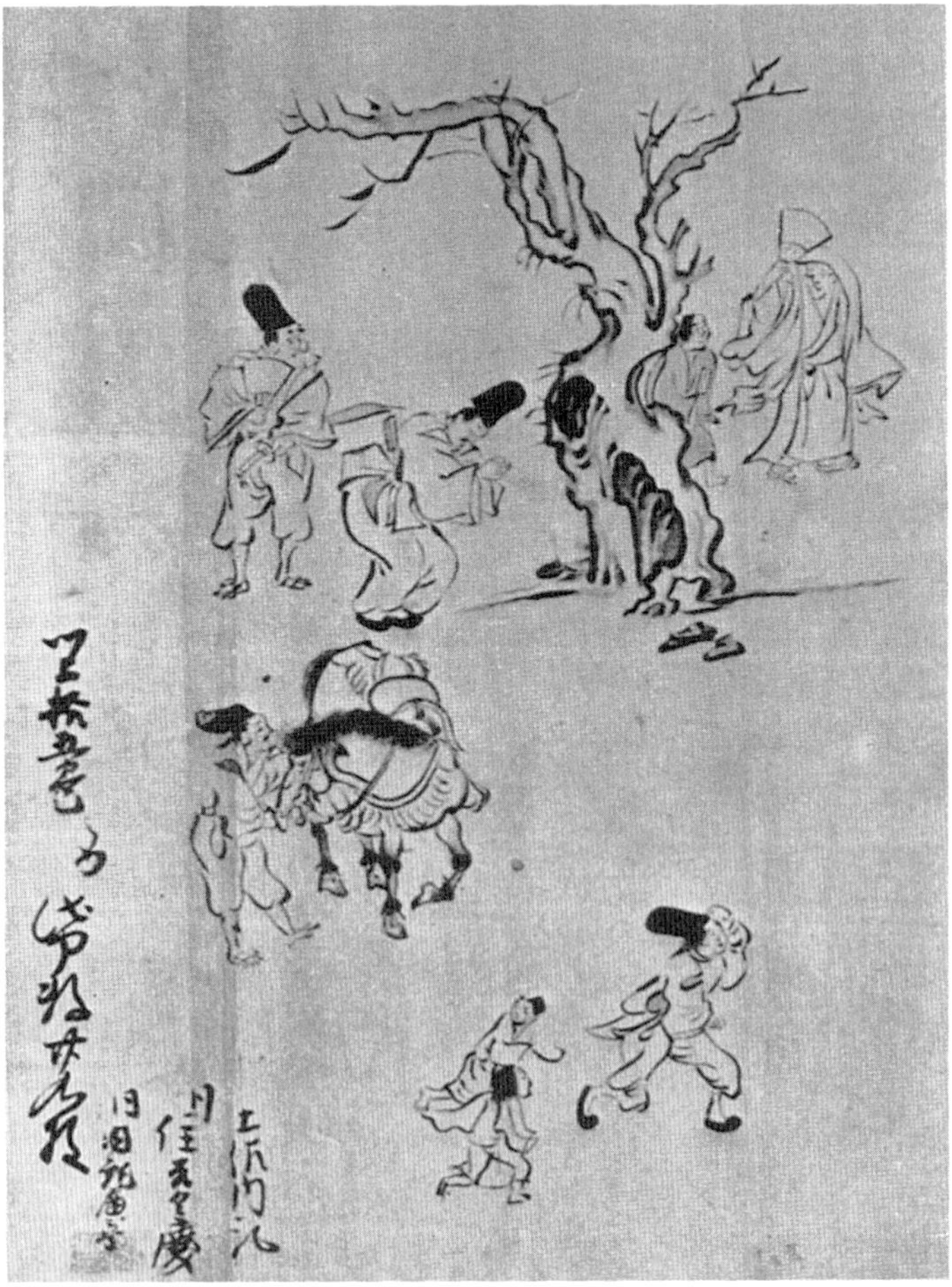

図１　右近の馬場付近の御神木（『年中行事絵巻』巻８）

ていたのが一般的であったらしい。というのは、諸史料に〝神社の木を伐ったことにより神が祟《たたり》をなす〟という例が散見しているからである。いくつかの例を示そう。
斉明《さいめい》七年（六六一）、百済救援のため、斉明《さいめい》女帝は筑紫に遠征した。その時のこととして、『日本書紀』斉明七年五月九日条には、つぎのようにある。

天皇、朝倉橘広庭宮《あさくらのたちばなのひろにわのみや》に遷りて居《おわし》ます。是の時に、朝倉社の木を斮《き》り除《はら》ひて、此の宮を作る故に、神忿《いか》りて殿を壊《こぼ》つ。亦《また》、宮の中《うち》に鬼火見《あらわ》れぬ。是《これ》に由《よ》りて、大舎人《とねり》及び諸の近侍、病みて死《まか》れる者衆《おお》し。

斉明女帝は朝倉橘広庭宮を造営するために、「朝倉社」（福岡県朝倉郡の麻氐良布《までらふ》神社）の木を伐った。そのため、神が怒り、宮殿を壊し、宮中に鬼火があらわれて、大舎人や近侍者に病死するものが多かったという。
『続日本紀』宝亀三年（七七二）四月二八日条にも、

西大寺の西塔に震《かみとき》す。これを卜《うら》ふるに、近江国滋賀郡小野社の木を採りて塔を構へしによりて祟すといふ。当郡の戸二烟《えん》を充《あ》つ。

とある。西大寺西塔に落雷があったので、卜《うらな》ってみると、「小野社」の木を伐採して西塔を構築したため、神が祟をなしたことが判明した。神の祟に謝するため封戸《ふこ》二烟を提供したという。

御神木を伐る行為も神の怒りを招いた。先に引用した『本朝月令』の松尾神の御神木であるが、相撲司《すまいのつかさ》がこれを伐って大鼓を作った。これにより、神は忿怒《ふんぬ》して、「其の木を伐りし囚人、多く死去するなり。行事の官人、馬より墜《お》ち身を傷つく」などと、反撃に出たという。

なお、『延喜式』三「臨時祭」には「凡《およ》そ、神社の四至《しいし》の内、樹木を伐り及び死人を埋蔵するを得ざれ」として、神社——ここにいう神社は式内社を指すのであろう——の四至（東西南北）内の伐木が禁止されているのも注意される。

このような史料を列挙してみると、古代の神社が樹木に覆われていた様子がうかがえよう。また、神とモリ・御神木との関係を念頭に置けば、〝神社の木や御神木を伐ったことにより、神が祟をなす〟というのも、当然のことといわねばなるまい。

サカキ・ヒモロキ　サカキも神の依り代である。サカキの本来の意味は、サカが境界の意であるので、俗界と聖界を隔てる木、境界の木のこととみられる。イワサカが岩石によって境界を画定するのと同様であろう。

サカキの具体的なあり方としては、『日本書紀』神代第七段本文に左のようにある。

中臣連《なかとみのむらじ》の遠祖天児屋命《あめのこやねのみこと》、忌部《いんべ》の遠祖太玉命《ふとだまのみこと》、天香山《あめのかぐやま》の五百箇《いおつ》の真坂樹を掘《ねこじにこ》じて、上枝に八坂瓊《やさかに》の五百箇の御統《みすまる》を懸け、中枝には八咫《やた》鏡……を懸け、下枝には、青和幣《あおにきて》、……白和幣を懸でて、相与に致其祈禱《のみいのりもう》す。……

アメノイワト神話の一節であるが、イワトの前で、アメノコヤネノミコトは「天香山」から「五百箇の真坂樹」（枝葉の茂ったサカキ）を採取して、枝に鏡・玉・木綿を取り付けたという。このようにサカキを立てて神聖な地の境としたのであろう。

『日本書紀』神武即位前紀戊午年九月条にも、

天皇大きに喜びたまひて、乃《すなわ》ち丹生の川上の五百箇の真坂樹を抜取にして、諸神を祭ひたまふ。

とあった。この場合のサカキも「丹生の川上」から抜き取られて神事に用いられており、アメノイワトのサカキと同じである。

ヒモロキについては、これまで形状をサカキとする説と一人か二人で持ち運びうるもので、神祭りのための建築的施設とする説があった。そこで、史料に即して検討してみると、『日本書紀』神代第九段第二の一書に、天孫降臨に際して、タカミムスヒが「吾は天津神籬《ひもろき》及び天津磐境を起し樹てて、当に吾孫の為に斎ひ奉らむ」と勅したとあるのが手がかりになる。この記述からすれば、ヒモロキとは、「籬」（生け垣）であること、「起し樹て」るものであることの二点が知られる。『日本書紀』崇神《すじん》六年条にトヨスキイリヒメがアマテラスを「倭笠縫邑《やまとのかさぬいのむら》」に「磯堅城《しかたき》の神籬」を立てて祭ったとあるのも同様で、生の樹木を垣根のように周囲にたてならべて神域を示し、そこに神を迎えたものと思われる。とすれば、ヒモロキとはサカキを何本もたてならべて神聖な空間を作り出すもので、その点でサカキ＝境界の木とも共通しているといわねばなるまい。

カムナビ・ミモロ

カムナビの語は、『出雲国風土記』意宇郡・楯縫《たてぬい》郡条に「神名樋山」、出雲郡・秋鹿郡条に「神名火山」とあり、『風土記』時代の出雲国には都合四ヵ所のカムナビ山があったことがわかる。また、『万葉集』にもカムナビの語が散見している。カムナビの語源には諸説があるが、ここではカムナビのビは廻（めぐり、めぐっている所の意）と同源で、カムナビ山を「神の坐すあたりの山」の意とする説（西宮一民「かむなび・みもろ・みむろ」〈『上代祭祀と言語』桜楓社、一九九〇年〉）に従っておきたい。すなわち、カムナビ山とは神が鎮座する神体山のことである。

神体山にはカムナビ型と浅間型がある。このうち、カムナビ型の神体山は人里に近く、標高も一〇〇〇メートル以下の比較的低い山である。外形的には付近から目立っており、笠を伏せたような山容であり、全山樹林で覆われていることを特徴とする。そして、麓に古社が鎮座しているケースも少なくない。

カムナビ山の代表例はやはり、大神神社の神体山、三輪山であろう。その美しい山容は『万葉集』にも歌われ、山麓には箸墓《はしはか》古墳など、古式の古墳が点在していることでも有名である。「出雲国造神賀詞《かむよごと》」(『延喜式』八)に「大御和の神奈備」とあった。

また、三輪山のことを、『万葉集』に「木綿かけて祭る三諸の神さびて斎くにはあらず人目多みこそ」(七—一三七七)、『日本書紀』神代に「三諸山」(第八段第六の一書)、同雄略七年七月三日条に「三諸岳」などとあるように、ミモロ山とする例もある。ミモロとはモロがモリの転化として、神の宿ります森の意とみられる(西宮、前掲論文)。ミモロ山はカムナビ型神体山の特徴の一つをとらえての呼称であったといえよう。

カムナビ型(ミモロ)の神体山は三輪山に限らず、各地に相当数ある。神社と合わせて神体山の具体例を示すと、春日大社と御蓋山、金鑽神社と御室山、大阪府東大阪市の枚岡神社と神津嶽《こうづだけ》、滋賀県野洲郡の御上神社と三上山、三重県桑名郡の多度《たど》大社と多度山(『多度神宮寺伽藍縁起資材帳』に「神の坐す山」とある)などの諸例が指摘できよう。

京都府亀岡市の出雲神社は、『延喜式』神名帳にのる式内社であるが、御影山という神体山の麓にある。御影山も標高四二〇メートルの小山であり、カムナビ型の神体山に属する。出雲神社蔵の「出雲神社々領牓示《ぼうじ》絵図」は天福二年（一二三四）三月二三日「関東御教書《みぎょうしょ》」に同絵図とおぼしき記載がみえる（『鎌倉遺文』七—四六三七）ので、鎌倉時代中期に描かれたものと推定されるが、それによると、神体山の前に鳥居と三軒の民家らしきものが描かれてあるにすぎない。現在の出雲神社には、貞和元年（一三四五）建立の本殿があるが、もとは神体山に対する信仰が基本であったといえよう。同神社の例からも明らかなように、歴史的には神体山信仰が神殿の存在よりも先行していたはずである。

一方、浅間型の神体山は高山であること、山容が円錐形であること、火山活動を伴うものがあること、風雪や雷などの発生があり、周辺の人々から神秘感をいだかれていたことなどがその特徴である。

浅間型の神体山の代表的な例は富士山である。『常陸国風土記』筑波郡条には、「神祖《みおや》の尊」（祖先神）が日暮れになって「駿河の国の福慈《ふじ》の岳」（富士山）と「筑波の岳」（筑波山）に登って宿を乞うたところ、「福慈の神」は「新粟《わせ》の初嘗《にいなめ》」（新穀の収穫の祭り）の最中だといって宿を断った。それに対して、「筑波の神」は「新粟嘗」であるが、「敢《あ》へて尊《みこ》旨《と》に奉らずはあらじ」（どうしてもお言葉をお受けしないわけではありません）といって、飲食物を用意して神祖の尊をもてなした。そこで、神祖の尊は「福慈の岳は常に雪ふりて登《の》臨《ぼ》ることを得ず。其の筑波の岳は、往集ひて歌ひ舞ひ飲み喫ふこと、今に至るまで絶えざるなり」といったという話がある。この伝承が福慈の岳、筑波の岳という神体山の信仰を背景に成立したものであったことはいうまでもない。

九州の阿蘇山も浅間型の神体山の一例である。『三代実録』貞観九年（八六七）八月六日条に、つぎのような阿蘇山の火山活動の様子がみえる。

太宰府言す。肥後国阿蘇郡正二位勲五等健磐竜命神、正四位下姫神、居る所の山嶺、去五月十一日夜、奇しき光、照り耀《かがや》く。十二日朝、震動して乃《すなわ》ち崩ず。広さ五十許丈、長さ二百五十許丈。

この記事から、「健磐竜命神・姫神」が阿蘇山に居る神であることがわかる。『延喜式』神名帳の健磐竜命神社や阿蘇比咩神社は両神を山麓で祭る形である（現在の熊本県阿蘇郡阿蘇神社）といえよう。この関係は先ほどの富士山の場合も同じで、富士山を御神体とする式内社として、駿河国富士郡の浅間神社（静岡県富士宮市）と甲斐国八代郡の浅間神社（山梨県東八代郡）が富士山麓に位置している。

ところで、四国の石鎚《いしづち》山については、『日本霊異記《にほんりょういき》』下巻第三九縁に、伊与の国神野の郡の部内に山あり。名をば石鎚の山といふ。これすなはち、その山に有す石槌の神のみ名なり。その山高く峰《さが》しくして、凡夫は登り到ることを得ず。ただし浄行の人のみ、登り到りて居住れり。

とあり、同山も神の坐す山であったことが知られる。しかも、石鎚山には「浄行の人」（山林修行の僧）だけが登山でき、「凡夫」は登ることができなかったとある点にも注意したい。峻厳なる浅間型の神体山は、「凡夫」を容易に近づけるものではなかったのである。

岐阜県と滋賀県境の伊吹山については、有名なヤマトタケルの伝承がある。『日本書紀』には、ヤマトタケルは、伊吹山の神を素手でとらえようとして山に入り、白い猪となってあらわれた山の神を無視して、山頂を目指した。すると山の神は憤って氷雨を降らせてヤマトタケルを惑わせたとある（景行四〇年是歳条）。同様な伝承は『古事記』中巻（景行記）にもみえる。伊吹山も簡単には立ち入れない浅間型神体山であった。

もっとも、その伊吹山に無事登山できたと伝えられているのが藤原武智麻呂《むちまろ》である。『藤氏家伝《とうしかでん》』下巻「武智麻呂伝」によると、武智麻呂は「土人」の反対を押しきって、「伊福山」に登り、神の害を受けることなく、帰還したという。この挿話が武智麻呂の近江守在任中（和銅五年〈七一二〉から霊亀二年〈七一六〉まで）の史実としてよいかどうか、はっきりしないが、話の中で興味深いのは、第一に、土人がヤマトタケル伝承をあげて、武智麻呂の登山に反対したこと、第二に、武智麻呂は「滲《すす》き洗ひ清め斉《ととの》へて」とあるように、登山にあたっては周到にミソギを行っていたことの二点である。

武智麻呂の登山は国司の部内巡行の一環として、山頂から国内を望むという国見《くにみ》儀礼を実施したものとみられる。かかる儀礼は武智麻呂が近江守として行い得た政治的行為であった。先ほどの阿蘇山・富士山と同様に、伊吹山の山麓には式内社として近江国坂田郡伊夫伎神社（滋賀県坂田郡の伊夫岐神社）、美濃国不破郡伊富岐神社（岐阜県不破郡の伊富岐神社）があり、伊吹山周辺で神を祭ることはあっても、土人が山に立ち入ることは一般的ではなかったといえよう。

いずれにしても、浅間型の高山への登山が本格化するのは、石鎚山の例でみたように、山林修行者からであって、奈良時代の中ごろから、彼らは神体山の霊気を得るべく積極的に神体山に足を踏みいれて修行したのであろう。

ヤシロ

これまで述べてきた神祭り関係の古語はいずれも岩石・樹木・山岳という自然崇拝に関わるものであった。それに対して、これから取り上げるヤシロ以下の語句は建造物（社殿）を表わす可能性のあるものであった。ここでも一つ一つの古語について検討を加えていきたいが、その前に神殿や社殿について一言しておきたい。

古代の伊勢神宮（内宮）では、大宮院の区画内に正殿を中心として、宝殿二宇・宿衛屋四間・斎内親王侍殿一間・女孺《にょじゅ》侍殿一間があり、大宮院の外側に幣殿院や御倉院（四倉）があり、さらにその周辺には、神職の斎館・宿館が建ち並んで、全部で一七院、六七棟の建物があった（『皇太神宮儀式帳』）。また、春日神社（春日大社）では、四神殿の他に直相《なおらい》殿・南舎・著到殿などの存在が知られている（『延喜式』三八「掃部寮」）。伊勢神宮や春日神社のように、神殿以外に多数の付属施設をもつ神社は少ないと思うが、それでも神社の社殿が神殿だけに限られていなかったことに注意したい。

春日神社の場合、右のような形で神殿等が整備されてくるのは平安初期であるが、『続日本紀』天平勝宝二年（七五〇）二月一六日条には、孝謙天皇が「春日の酒殿に幸したまふ」とあり、この春日の酒殿が春日神社の一施設とすれば、天平勝宝二年時では神酒を造る春日の酒殿が社殿の中で先行して建てられていたことになろう。

『肥前国風土記』基《き》肄郡条によると、長岡神社には、景行天皇が神の求めに応じて自分の鎧《よろい》を「神の社に納め奉らむ。永き世の財《たから》と為すべし」といって奉納したが、「其の鎧の貫緒《ぬきお》、悉に爛《みだ》り絶えぬ。但、冑《かぶと》と甲《よろい》の板とは、今も猶あり」（甲冑の小板を結び付けていた皮紐は、腐ってバラバラになってしまったが小板は残っている）とある。この場合も、社殿として鎧を納める倉があった可能性は高い。しかし、『肥前国風土記』段階で長岡神社に神殿があったかどうかは不明という他ないだろう。

このように社殿のあり方や成立の経緯は多様であるが、本書ではいつ、神社に常設の神殿ができるようになったのか、という点を明らかにしていきたいので、ヤシロ以下の古語と常設の神殿との関係を中心に考察していきたいと思う。

そこで、まず、ヤシロであるが、今日、ヤシロといえば、神殿・社殿を指すとみられる。『播磨国風土記』揖保《いいぼ》郡条には、

衣縫《きぬぬい》の猪手《いて》・漢人《あやひと》の刀良《とら》等が祖、此処（伊勢野─引用者注）に居らむとして、社を山本に立てて敬ひ祭りき。山の岑《みね》に在す神は、伊和《いわ》の大神のみ子、伊勢都比古命・伊勢都比売命なり。

とある。これも神体山信仰がうかがわれる史料であるが、ここでの「社」は神殿を指すとしてよいだろう。しかし、その神殿も常設の神殿と、祭りの日に祭場に仮の神殿を建てて祭りが終わると取り壊すという仮設の神殿との二つのケースがある。揖保郡条のケースは「社を山本に立てて敬ひ祭りき」とあるので、仮設の神殿かもしれず、すくなくとも常設

の神殿であるとは簡単に決めがたいといわねばならない。

ところで、ヤシロの語の原義からすると、ヤシロ＝常設の神殿説は成り立たない。すなわち、ヤシロとは、ヤ（屋）＋シロ（知・領）で、「屋を建てるために設けられた特別地」のことで（西宮「ヤシロ（社）考」〈前掲書所収〉）、この場合のヤ（屋）が常設・仮設の神殿の両様を含むとしても、ヤシロの本来の意味は特別地の方で、神殿の方ではなかったからである。

しかも、『万葉集』では「社」をヤシロと訓む（四例）よりもモリと訓む例（八例）の方が多い。例を逐一示すことはしないが、「三笠の社」（四―五六一）、「伊波瀬の社」（八―一四一九）など、いずれもモリと訓まれている。『常陸国風土記』新治《にいばり》郡条の「今も社の中に石屋あり」、同行方《なめかた》郡条の「社の中に寒泉《しみず》あり。大井と謂ふ」とある場合の「社」もモリと訓むのが自然である。かかる事例は「社」が直ちに常設の神殿とはならない証拠といえよう。

ヤシロの語は『万葉集』三―四〇四に「ちはやぶる神の社し無かりせば春日の野辺に粟蒔かましを」（神の社さえなかったならば、春日の野辺に粟を蒔きましょうのに）、同三―四〇五に「春日野に粟蒔けりせば鹿待ちに継ぎて行かましを社し留むる」（春日野に粟を蒔いてあったら、鹿を待ち伏せしに絶えず行くのだが、神の社がさまたげて行かれないことだ）と詠まれている。両歌は天平ころ、佐伯宿禰赤麻呂《さえきのすくねあかまろ》と娘子《おとめ》との間に交わされた問答歌であるが、歌中に春日野の「神の社」「社」とあるのが春日神社との関係で注目される。もっとも、それが春日神社の神殿や社殿を指していたわけではないように思う。というのは、つぎの点が指摘されるからである。

天平勝宝八歳（七五六）六月九日の日付をもつ「東大寺山堺四至図」（正倉院蔵）は、東大寺の伽藍と周辺の寺領の景観を描いたものであるが、同図中には「神地」の文字が御蓋山西麓の方形区画内に西を正面にして書かれている。しかも、「神地」内には社殿がいっさい描かれていない。「神地」は、平安初期に春日神社に常設の神殿ができる以前の、古い祭場とみられるが、この方形区画の「神地」は八世紀はじめに構築された、御蓋山西麓をコの字形に囲む、全長約六〇〇㍍の築地《ついじ》遺構（『春日大社奈良朝築地遺構発掘調査報告』〈春日顕彰会、一九七七年〉）に一致する可能性もある。しかし、「神地」の大きさは築地遺構よりもかなり小さいので、むしろ、現在の春日大社の回廊に囲まれた箇所とみる方が妥当である。とすると、先の問答歌が作成されたころ、春日の地には築地で囲まれた空間といい、「神地」という方形の区画といい、「屋を建てるために設けられた特別地」としてのヤシロがあっただけで、常設の神殿は存在しなかったと推定されよう。春日の築地遺構や「神地」はヤシロの原義を示す例として貴重といわねばなるまい。

要するに、古代ではヤシロの語が必ずや常設の神殿を表わすわけではないのである。右にあげた諸例からもヤシロが常設の神殿以外を指すケースの方が多かったのではあるまいか。

ホコラ

ホコラの原義はホクラ、すなわち、秀倉・美倉の意と解されている。稲や神宝を収納したクラがホクラであろう。

ホクラの具体的な姿に関しては、石上《いそのかみ》神宮の「天神庫」が参考になる。『日本書紀』垂仁八七年二月五日条には、五十《い》瓊敷《にしきのみこと》命から石上神宮の神宝を管掌するよういわれた、妹の大中姫は「吾は手弱女人《たおやめ》なり。何ぞ能く天神庫《ほくら》に登らむ」と答えた。それに対して、五十瓊敷命は「神庫高しと雖も、我能く神庫の為に梯《はし》を造《た》てむ。豈《あに》庫に登るに煩《わずら》はむや」といったとある。ここから、ホクラが梯子を利用して登る高床の建物であったことがうかがえよう。

こうしたクラの中に神が祭られることがあったことは、『古事記』上巻に「御倉板挙《みくらたな》の神」(神聖なクラの中の棚に祭った稲霊)がみえることからも明らかであろう。また、高床式の建物自体は縄文時代の中期ころから実例がある。しかしながら、それが直ちに常設の神殿といえるか、神社といってよいのかというと、否定的にならざるをえない。その理由として、第一に、『延喜式』神名帳に和泉国和泉郡穂椋《ほくら》神社・摂津国兎原《うはら》郡保久良神社とあるように、ホクラ神社があり（他に山城国乙訓《おとくに》郡の小倉神社・丹波国何鹿《いかるが》郡の高蔵神社のように神社名にクラを含むケースが二〇社みえる）、ホクラ・クラだけでは神社になりえなかったらしいこと、第二に、伊勢神宮（内・外宮）などは別として、古代の神社の神殿はおおむね移設可能な小建築であり、クラのような高床で、堅牢な建物ではなかったこと、の二点を考慮したいからである。すなわち、ホクラ・クラはあくまでも稲や神宝を収めた倉であって、基本的にはクラがそのまま神殿となるわけではなかったと思うのである。

神社

神社が常設の神殿をもつようになったのは、後にまとめて述べるが、七世紀後半からであったと思われる。天武一〇年（六八一）正月に、律令国家は畿内および諸国の神社――官社（後の式内社）――の修造命令を出している（『日本書紀』天武一〇年正月一九日条）が、これを皮切りに、以後、国家は、かかる命令をしばしば発して、神社が神殿をもつよう強制している。これによって各地の有力な神社から神殿が造営されていったものと思われるが、だからといって、国家の命令がすべて実行にうつされたと考えるのも安易にすぎよう。すでに指摘したように、式内社の中には、大神神社のように、神殿をもたない神社——正確には、大神神社には古く常設の神殿が建てられていたとしても、いつのころからかそれがなくなってしまったというべきかもしれない——も存在していたからである。

神宮

神宮は国家によって神社とは区別される存在であった。伊勢神宮（『延喜式』神名帳では大神宮）を神社と呼ぶ例はないし、また、春日神社を神宮とする例もない。『続日本紀』文武三年（六九九）八月八日条に「南嶋の献物を伊勢大神宮と諸社とに奉る」とあり、ここでは伊勢大神宮とそれ以外の諸社が区別されている。また、『延喜式』神名帳に載る二八六一社のうち、神宮を称するのは大神宮と香取《かとり》神宮（下総国香取郡）・鹿嶋神宮（常陸国鹿嶋郡）の三神宮にすぎない。『延喜式』以外の史料には、石上神宮や出雲大神宮（現在の出雲大社）などの例もあるが、いずれも王権と関わるかなり限られた神社が、特別に国家の側から神宮と称されたようである。

神宮の特徴の一つに、国家による常設の神殿の造営がある。しかも、その中には定期的に造替される場合もあったことが知られる。典型的な例が、伊勢神宮の二〇年に一度の造替で、その制の成立は持統二年（六八八）、第一回目の実施は同四年とみられている（『太神宮諸雑事記』第一）。ただし、定期的造替は、伊勢神宮に限られた制度ではなかった。『日本後紀』弘仁三年（八一二）六月五日条には、

神祇官言す。住吉・香取・鹿嶋の三神社、廿箇年を隔てて、一たび皆、改作す。積習、常と為る。其の弊《へい》、少なからず。今、須《すべか》らく正殿を除く外、破れるに随ひて修理すべし。永く恒例と為さむ。之を許す。

とあり、住吉・香取・鹿嶋の三神社は、二〇年に一度の改作を「積習」としていたが、弊害が少なくないので、今後、「正殿」以外は破損修理をするという。この記事により、弘仁三年以前から、国家による定期造替の制が住吉・香取・鹿嶋神社でも実施されていたことがわかる。

三社のうち、香取・鹿嶋神社は東国鎮守の王権神を祭る神社で、先にも記したとおり、『延喜式』神名帳では神宮と称されていた。鹿嶋神宮の造営については、『常陸国風土記』香島郡条に「淡海《おうみ》の大津の朝に、初めて使人を遣して、神の宮を造らしめき。爾《それ》より已来《このかた》、修理《つく》ること絶えず」とあるので、「淡海の大津の朝」の天智朝（六六二〜六七一年）に溯る。『三代実録』貞観八年（八六六）正月五日条には、「鹿嶋大神宮惣六箇院」の二〇年に一度の修造には「木材五万余枝、工夫十六万九千余人、料稲十八万二千余束」を要したとある。

住吉神社（大阪市住吉区）には、神宮とされた古代の史料は見当たらないが、住吉の神が国家の外港、住之江津の守護神であったこと、住吉神社の本殿（住吉造）は妻入《つまい》り、前後二室からなるが、この平面形式が天皇の大嘗宮の正殿と一致すること（岡田精司『神社の古代史』大阪書籍、一九八五年）が想起される。住吉神社に定期造替の制があったのは、こうした天皇との密接な関係に由来するのであろう。

石上神宮（奈良県天理市）は、『延喜式』神名帳には石上坐布留御魂神社《いそのかみにいますふるのみたま》（大和国山辺郡）とあるが、『古事記』『日本書紀』『日本後紀』では「石上神宮」「石上の振神宮《ふるじんぐう》」とあり、かなり古くから神宮を称されていた可能性がある。延暦二三年（八〇四）二月、桓武天皇が石上神宮の武器を山城国葛野《かどの》郡に運搬するよう命じたが、この事業により天皇が病気になるなどの異変が生じたため、武器は石上神宮に返納されたという事件が起きている。その際、造石上神宮使正五位下石川朝臣吉備人は作業量として延べ「一十五万七千余人」を計上している（『日本後紀』延暦二四年二月一〇日条）。これは神宮の武器運搬と山城国での神宮造営用との人数の合計であろうが、それでも当時の石上神宮にはかなりの規模の社殿があったと推測してよいだろう。

もっとも、古来、石上神宮には神殿がなかったのが、一九一三年（大正二）に拝殿の後方の禁足地に本殿が建てられて古い神社の姿が失われたと説かれることが多い。これは明治の初めに大神神社が教部省に本殿造営の申請を出したものの、それが却下され、おかげで神体山の信仰が残存したこととも比較される。永禄五年（一五六二）のものかという「布留宮宮本氏人等訴状」によると、春日社造替料として布留山の神木伐採の不法を石上神宮側が大和守護の松永久秀に訴えた際、「当社は宮造もましまさず、御山を崇め申す事、神代より今に隠れ無き儀に候」とあり（『春日大社文書』四）、「神代より」石上神宮には神殿がなかったごとくである。しかし、古代の石上神宮に神殿がなかったとするのは早計ではないだろうか。『延喜式』三「臨時祭」には、「石上社」の「社門・正殿・伴佐伯二殿」のカギはいずれも神祇官庫に納められ祭りの時以外は簡単には開けられないという規定があるが、この中の「正殿」が神殿を指すとみられるからである。ここでは石上神宮には、神宮号にふさわしく常設の神殿があったとみておきたい。

出雲大社（島根県簸川《ひかわ》郡）も『延喜式』神名帳では杵築《きづき》大社（出雲国出雲郡）とあるが、『日本書紀』崇神六〇年七月一四日条には「出雲大神宮」とあり、かつては神宮を称していたことが知られる。

現在の出雲大社の境内には、延享《えんきょう》元年（一七四四）造営の、高さ八丈（二四メートル）の大神

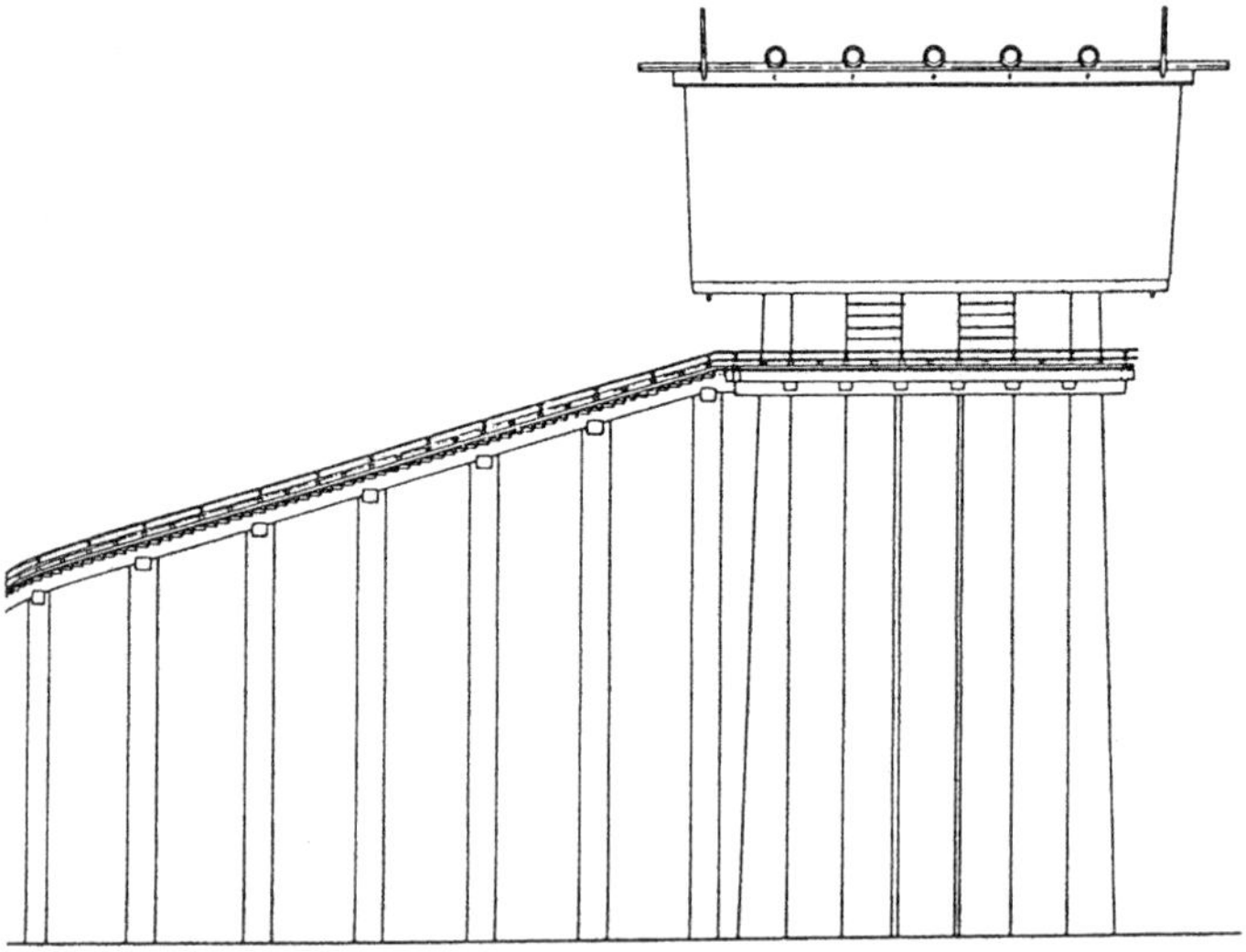

チーム『古代出雲大社の復元』〈学生社、1989年〉より）

殿が建っているが、古代の大社はもっと大きな建築物であったらしく、建築史家の福山敏男氏は一九三七年に高さ一六丈（四八メートル）の神殿に復元された。近年では大林組のプロジェクトチームが福山氏の一六丈説は造営可能だと結論づけている（大林組プロジェクトチーム『古代出雲大社の復元』学生社、一九八九年）。出雲大社に大神殿の存在が推定されているのは、第一に、天禄元年（九七〇）の『口遊《くちずさみ》』に「大屋の誦」として「雲太《うんた》、和二《わに》、京三《きょうさん》」とあり、出雲大社（「雲太」）が東大寺大仏殿（「和二」）よりも高く、かつ、東大寺大仏殿が高さ一五丈であったこと（『東大寺要録』所引『延暦僧録』）、

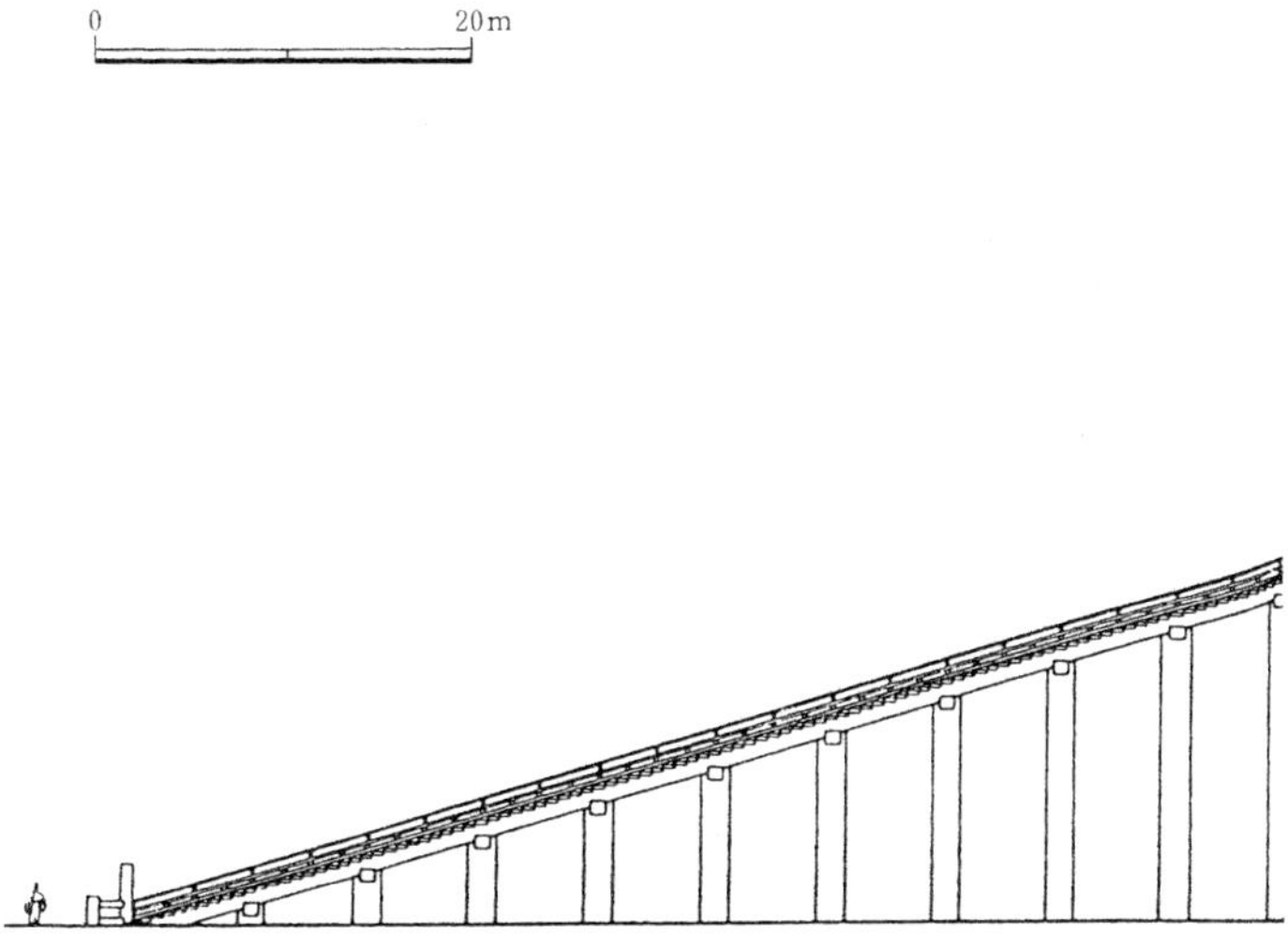

図２　古代出雲大社復元図（大林組プロジェクト

第二に、千家尊祀《たかとし》氏所蔵の「金輪《かなわ》造営図」は、出雲大社本殿の平面図であるが、そこには三本の柱を一本（「柱口一丈」）として円形の輪（金輪）で束ねる形と、「引橋」（前面の階段）が前に長く伸びて、「長一町」（約一〇九メートル）と描かれていること、第三に、一一～一二世紀の古記録には出雲大社の神殿が突然、風もないのに転倒するという、他の神社には類例をみない記事があること（たとえば、『左経《さけい》記《き》』長元四年〈一〇三一〉一〇月一七日条など）が根拠とされている。

それに対して、一六丈の大神殿説は造営不可能とする説もあるが、二〇〇〇年（平成一二）四月、出雲大社境内の発掘調査で新たなる発見があった。それは、一一世紀ころの本殿の柱跡が出土し、それは最大で径一・三五メートルの柱材が三本まとまって一本の柱（径約三メートル）を構成するというもので、まさに「金輪造営図」と同じであったことが判明した（『出雲大社境内遺跡』島根県大社町教育委員会、二〇〇〇年）。これによって、出雲大社に巨大な神殿が建立されていたことが具体的に知られるようになったといえよう。

ちなみに、出雲大社の造営については、『日本書紀』斉明五年（六五九）是歳条に「出雲国造名を闕せり。に命《おお》せて、神の宮を修厳《つくりよそ》はしむ」とあるのが手がかりとなる。この記事中の「神の宮」は出雲大社であろう。というのも、当該記事にあるように、朝廷の命で出雲国造が出雲大社を造営するのと、『日本書紀』神代第九段第二の一書で、高天原のタカミムスヒがオオナムチに「天日隅宮《あめのひすみのみや》」（出雲大社）の造営を約束し、その祭りをつかさどるのが出雲国造の祖、アメノホヒだという神話とは、パラレルの関係が認められるからである。出雲では七世紀中ごろに巨大神殿が出現していたことになろう。

自然界とのつながり

これまで、イワクラの語からはじめて神宮まで、神社や祭りに関する古語を一つ一つ、取り上げて検討してみた。その結果、イワクラからミモロまで、岩石・樹木・山岳といった自然崇拝をうかがわせる古語の存在が明らかになった。一方、建築物を示すとおぼしき古語としてのヤシロ・ホコラ・神社・神宮のうち、常設の神殿かどうかという点からは、神社（式内社）と神宮が常設の神殿をもっていた可能性が認められるにすぎない。とくに、律令国家は神宮に対して常設の神殿をもつように積極的に働きかけていた。定期造替の制はそのもっとも顕著な営みであった。

このような古語のありようから、われわれはいったい何を読み取ることができるであろうか。それについては、以下のように考えている。まず、古語全体数一一のうち、常設の神殿を表わすのが極めて少なく、逆に自然崇拝の語が多いという点である。もちろん、古語は基層信仰の世界をすべて示しているわけではないだろう。しかし、古語を記録した史料は七、八世紀、基本的には神社や神宮に常設の神殿を造営するという方針をもっていた国家側が書き記したものが中心である。この点を念頭に置くと、古語の中に自然崇拝に関わるものが多いという事実は見逃し得ないところといえる。当時の神々の祭りは自然界とのつながりを強く保持していたとみられるからである。

神道考古学

神祭りの古語をめぐる考察結果は、考古学—神道考古学の成果とも矛盾しない。神道考古学の分野を開拓した大場磐雄氏（一八九九〜一九七五）は祭祀遺蹟を分類して、

(1)　自然物を対象とするもの　(イ)山嶽、(ロ)巌石、(ハ)島嶼《とうしょ》、(ニ)湖沼・池泉
(2)　古社の境内ならびに関係地
(3)　住居阯付属地
(4)　古墳付属地
(5)　単独遺物発見地

と整理されている（『祭祀遺蹟』角川書店、一九七〇年）。この分類の中で、大場氏がもっとも重視していたのが(1)の自然物を対象とするもので、『祭祀遺蹟』でも多くのページ数をさいて具体例をもとに考察を加えられていた。とくに、山嶽・巌石・島嶼・湖沼・池泉などの自然は、神道考古学以前では遺跡に加えられていなかったものであるが、大場氏がそれを祭祀遺跡とされた点は、遺跡の保存という観点からも重要な指摘といわねばならない。

この神道考古学の分類の成果は、今日までの発掘調査例の急増とデータの集成によって修正さるべき余地もあるが、基層信仰と自然物との密接な関係という点では基本的には動かないところであろう。とくに本書で神社や祭りに関する古語として重視した岩石・樹木・山岳と(1)の自然物とは共通するところが多いのである。

もっとも、(ハ)島嶼と(ニ)湖沼・池泉については適当な古語が見当たらず、これまでも言及

してこなかったが、前者には、三重県鳥羽市の神島《かみしま》の例がある。三島由紀夫の小説『潮騒《しおさい》』でも名高い神島は、伊勢湾入り口を扼《やく》する小島である。島の北端の海岸付近から採集された、古墳時代から室町時代の品々（鏡・機織具《はたおりぐ》など）が、島内の八代《やつしろ》神社に神宝として保管されている。岡山県笠岡市の大飛島《おおひしま》にも祭祀遺跡がみつかっている。大飛島は、瀬戸内海のほぼ中央に位置する小島であるが、海辺近くの巨岩（イワクラ）周辺からは三彩小壺・古銭・鏡など、奈良時代から平安時代初期の遺物が大量に出土した。大飛島の祭りでは、巨岩に神を迎えて瀬戸内海の海上交通の平安を祈ったものであろう。

後者の湖沼・池泉では水の神が祭られていた。具体例としては、島根県松江市、出雲八重垣神社（『延喜式』神名帳の出雲国意宇郡佐久佐神社）境内の鏡ヶ池が指摘される。本殿背後の径五㍍ほどの鏡ヶ池からは、土馬や須恵器が出土した。現在は、紙片に硬貨をのせて水面に浮かべ、早く沈むほど良縁に恵まれるという占いでにぎわっている。また、和歌山県東牟婁《むろ》郡の熊野那智《なち》大社別宮、飛滝《ひろう》神社は、那智滝を御神体とする。落差一三三㍍の大滝の前面には鳥居があるだけで、社殿はない。神社や滝壺の周辺からは、平安期以降の経塚関係遺物が発見されている。東京都港区の根津美術館蔵の「那智滝図」（国宝）は一四世紀初頭の作品で、中央に滝全体を、下端に拝殿の屋根を描いているが、これはたんなる風景画ではなく、礼拝画とみられよう。

右記の島・池・滝もやはり、古代に溯る祭祀遺跡である。あらためて、古代の神々と自然界との強いつながりに思いを致すべきであろう。

常設神殿のはじまり

日本古代の神々は自然界と深い関係をもっており、神社には常設の神殿もなかったが、そこにやがて常設の神殿が登場してくるようになる。常設の神殿は、いつごろ成立したのであろうか。常設の神殿の成立を遺跡のうえで明瞭に示してくれているのが、九州の宗像《むなかた》沖ノ島遺跡である。

宗像沖ノ島祭祀遺跡

福岡県宗像郡の宗像大社（『延喜式』神名帳では筑前国宗像郡宗像神社）は、玄海町の辺津《へつ》宮、大島の中津宮、沖ノ島の沖津宮からなる。このうち、沖ノ島は玄海灘に浮かぶ、周囲四キロの孤島で、位置は玄海町より北西六〇キロ、韓国の釜山までは一四五キロをはかる。この島は朝鮮半島との海上交通の要地であり、航海の守り神の鎮座する島として、古くから神聖視されてきた。一九五四年から一九七一年の間、三次にわたる沖ノ島祭祀遺跡の発掘調査によって、金銅製の機織具のミニチュア・鏡・玉・武器・工具をはじめ、ササン朝ペルシアのカットグラス、唐三彩、朝鮮半島から将来された金製指輪・金銅製馬具など、豪華な遺物は二万点を超え、まさに「海の正倉院」と呼ばれるにふさわしい品々が発見された。

これらの品々は九州の首長たちが奉納したものばかりではなかった。『日本書紀』雄略九年二月一日条の、大王が使者を派遣して「胸方神」を祭らせたという伝承からも、倭政権の大王も宗像神の祭りに加わって豪華な品を奉納していたとみられるからである。

遺跡は四世紀後半から一〇世紀初頭にまで及び、沖津宮本殿付近の巨石群を中心に二三ヵ所みつかった。すなわち、第一期、巨岩を神の依《よ》り代《しろ》として巨岩の上に小石で祭壇を作って祭る岩上遺跡、第二期、岩陰に直接ないしは石組みの祭壇を作ってその上に品々を奉献する岩陰遺跡、第三期、岩陰直下の地面および岩陰の外の地面に祭壇を作って祭る半岩陰・半露天遺跡、そして、第四期、巨岩とは無関係に露天の地面で祭りを行う露天遺跡と、四期にわたる遺跡の変遷も明らかになった。

沖ノ島遺跡の中心の巨岩はイワクラであり、右の遺跡の変遷から、イワクラに神を迎えて祭るあり方から祭りの場がイワクラからだんだん離れていく傾向が認められる。常設の神殿という点でいえば、イワクラ以外の場で行われる祭りこそ、神殿建築の成立に連関するのであろう。では、沖ノ島遺跡から、その画期はどの段階で、いつごろと特定できるのであろうか。それについては、第二期（六世紀前半）と第三期（七世紀後半）の間、年代的には両段階の中間の七世紀初めを重視する見解がある（井上光貞「古代沖の島の祭祀」〈『日本古代の王権と祭祀』東京大学出版会、一九八四年〉）。それに対して、第三期の半岩陰・半露天遺跡の年代を七世紀末とし、当該期に沖ノ島の祭祀が大きく変化したとみる説もある（白石太一郎「沖ノ島と古代の神まつり」〈『歴史考古学』放送大学教育振興会、一九九五年〉）。この二説の相違は、第二期と第三期の中間の時期を重視するのか（井上説）、第三期の開始年代を重視するのか（白石説）の相違でもあるが、常設の神殿の成立に関しては、両説とはなお別様の解釈をすることも可能であろう。それは神祭りがイワクラから完全に離脱した段階（第四期）の八世紀を神殿の成立とする見方である。

じつは沖ノ島では、第四期においても絶海の孤島という立地条件に左右されて常設の神殿は建てられなかった（沖ノ島に神殿が建てられたのは近世に入ってからであった）。しかし、それはあくまでも沖ノ島の特異な地理的条件によるのであって、八世紀代の沖ノ島には確実に常設の神殿が造営される条件が成熟していたはずである。とすれば、第三期はその前段階に位置づけられよう。以上のように考えると、常設の神殿の成立は沖ノ島遺跡の第三期から第四期に想定できるのではないだろうか。そして、その年代は七世紀末に比定されると思うのである。

官社制と神殿造営

常設の神殿の成立については、沖ノ島遺跡とは別に官社制との関連でも指摘される。官社とは後に『延喜式』神名帳に神社名が登録されて式内社とされた神社のことで、『延喜式』では三一三二座（座は祭神の数）、二八六一社を数える。もっとも、この数は『延喜式』編纂の一〇世紀段階のものであり、官社制がはじまった七世紀後半の天武朝にはこれほどの数には及んでおらず、奈良から平安時代にかけて官社数は徐々に増加していったはずである。いずれにしても、七世紀後半から、各地の主要な神社は、国家の側から官社とされて、国家の祭りの対象となり、また、一方では、国家の支配・統制の対象ともなった。神社が官社に組み込まれると、官社にはつぎのような義務が生じた。すなわち、①司祭者の国家による選任、②司祭者の祭祀料徴収権の否定、③社殿の造営・修理、④祈年祭班幣《はんぺい》時における祝部《はふりべ》の入京、⑤国司の管理、の五点である（川原秀夫「律令官社制の成立過程と特質」〈『日本古代の政治と制度』続群書類従完成会、一九八五年〉）。

このうち、とくに③の社殿の造営・修理——とくに常設の神殿造営については、七、八世紀代の律令国家による神殿造営命令が官社制の創設期・増大期・再建期と一致しており、常設の神殿と官社制が不可分な関係にあったことが指摘される。

官社制の創設期の史料として、『日本書紀』天武一〇年（六八一）正月一九日条は、国家による神殿造営命令の最初である。すなわち、「畿内及び諸国に詔して、天社国社《あまつやしろくにつやしろ》の神の宮を修理《おさめつく》らしむ」とある。天社国社とは、当時、国家の祭りの対象となっていた官社のこと。修理には修繕の意味とともに新造の意味もあり、ここでは後者を妥当としたい。『日本書紀』天武一三年（六八四）一〇月一四日条の「大地震」は南海地震と推定されているが、その記事の中に「諸国の郡の官舎、及び百姓の倉屋、寺塔神社、破壊《やぶ》れし類、勝《あげ》て数ふべからず」とあるのも、天武一〇年の命令がある程度、実施されていた証左になろうか。

なお、神社と地震との関係では、『続日本紀』に天平六年（七三四）四月七日の地震の際、「使を畿内・七道の諸国に遣して、地震を被りし神社を検看しむ」（天平六年四月一二日条）とあった。同年の『出雲国計会帳《けいかいちょう》』（出雲国が受領・発送した公文書の記録）によると、右の命令を受けて、四月一六日付で太政官符（「地震状」）が伯耆《ほうき》国から出雲国に発送されており、また、その約一ヵ月後に出雲国は政府の命令を履行して「返抄《へんしょう》」(報告書)を作成して都に送っていたことが知られる。「地震状」や「返抄」の中身は不明だが、この点からも律令国家の側が常設の神殿の造営維持に注意をはらっていた様子がうかがえよう。

八世紀中ごろ、官社制の拡大期では、『続日本紀』天平九年(七三七)一一月三日条に「使を畿内と七道とに遣して、諸の神社を造らしむ」、同天平神護元年(七六五)一一月五日条に「使を遣して、神社を天下の諸国に修造《おさめつく》らしむ」とあった。天平一〇年の『周防国正税帳《しょうぜいちょう》』(周防国正税の収支決算報告書)には、天平九年一一月の命令に呼応する形で、周防国に下向した「造神宮駅使」に従った国司一行の食料費と、「改造神社料」として、人夫の工賃・食料費と釘・赤土《あかに》(塗装用)の経費が計上されている。ここで改造の対象となった神社は、周防国内の官社のうち熊毛《くまげ》神社(熊毛郡)、出雲神社・御坂神社(佐波《さは》郡)の三社であったと思われるが、国家の命による諸国の神社改造とは雇役によってなされ、釘・赤土が正税から支出されるという形であったことが知られる。木材などは現地調達であろうが、国家による神殿造営により、各地の官社の中には赤く塗られた神殿が出現したとみられよう。

つぎの官社制再建期は八世紀後半にあたる。この時期には、祝部《はふりべ》が祈年祭班幣に不参という事態が生ずるようになった。それに対して、国家は祝部の上京を促す積極的な改善策を出している（『類聚三代格』一、貞観一〇年〈八六八〉六月二八日太政官符所引、宝亀六年〈七七五〉六月一三日太政官符）。同時期には神社対策として、宝亀七年四月一二日、神社を清掃するために国司一人が「専当」するよう命ぜられ、また、その翌年三月一〇日、祝部が清掃を勤めず、神社が「損穢」したならば、祝部の「位記《いき》」（位階を与える文書）を奪うという強行措置を命じている（『類聚三代格』一、宝亀八年三月一〇日太政官符）。すなわち、宝亀年間は官社制の再建期であり、その一環として官社に対して、神殿の維持が命じられていたのである。

以上のことから、官社における常設神殿の成立を七世紀後半の時期に求めたいと思う。そして、これが先に沖ノ島祭祀遺跡で推定した神殿成立年代にほぼ一致することが注意される。沖ノ島で半岩陰・半露天遺跡から露天遺跡へと転換していったのも、国家による神殿造営命令の影響を考えたいのである。

神殿造営の意図

律令国家は官社に対して、常設の神殿を造営するよう義務づけた。これにより、官社では常設の神殿に神が常住するという事態が進行したものと思われる。

これは国家側の意図として、神々の支配・統制のために神を神殿に封じ込める政策であったといえよう。神は本来自然界におり、祭りの日に人里を来訪する。人々は小さな仮設の神殿に神を迎えて祭り、祭りが終わると神を再び自然界に送り返す。しかし、このように神が季節的来訪を繰り返すのでは、国家が神々に対して支配・統制をおしすすめるには不十分であると考えられたに違いない。

また、常設の神殿という点では、伊勢神宮や石上神宮など、王権と関係の深い、神宮号をもつ神社の方が官社よりも早く神殿を成立させていた可能性がある。それは王権と密接する神々は常に天皇の祈願に答えたり、王位にかかわる非常の変にも備える必要があった。そのために、祭神は常設の神殿にとどまることを求められたからであろう（岡田精司「古代国家における天皇祭祀」〈『古代祭祀の史的研究』塙書房、一九九二年〉）。伊勢神宮などの一部の神社（神宮）に対して定期造替の制によって国家が神殿の維持に意を注いだのも、十分な理由があったわけである。このような常設の神殿の役割は官社の場合にも該当することに注意したい。すなわち、官社の神を神殿に常住させれば、国家側のさまざまな祭りの対象にもなるはずで、たとえば、祈雨《きう》の祭りなどの臨時祈願の場合でも、勅使が臨時に幣帛を神に奉納する形に容易に対応できると考えられたからであろう。そのためにも、官社における常設の神殿は国家にとって必要なものであり、在地の信仰から発生してきたものでないことが推定されるのである。

一方、在地の側でも、国家の援助を得て、赤く塗られた神殿をもつことは、その神社(官社)を奉斎している在地首長や村落首長にとっても自己の地位を高めるのに役立つように想像される。もっとも、そのようなメリットがあったとしても、常設の神殿が在地社会で簡単に受け入れられたとも考えがたい。それは七、八世紀に限ってみても、国家による神殿造営命令がたびたび出されたことからも明らかであろう。同様な命令が繰り返し出されたということは、それが簡単には受容されなかったことも意味するはずである。それでは、なぜ、受容が困難であったかと問われれば、その背景に基層信仰において、常設の神殿を必要としない状況、換言すれば、自然崇拝が根強く存在していたからだといえよう。したがって、律令国家の意図により、官社に常設の神殿が定着したとしても、神の定住が簡単に実現したとも考え難い。官社の神々も依然として定期的な来訪を繰り返していたのであろう。

小さな神殿

古代の常設神殿とはどのようなものであったろうか。ここでは延暦二三年(八〇四)撰進の『皇太神宮儀式帳』『止由気《とゆけ》宮儀式帳』によって、神殿の具体相を検討してみたい。

両宮儀式帳によると、伊勢神宮は内宮と外宮、それに両宮系列下の別宮《べつぐう》・摂社・末社の三ランクの神社群から構成されていたことが知られる。内宮の別宮は、荒祭宮《あらまつりのみや》・月読《つきよみ》宮・滝原宮・伊雑《いぞう》宮の四宮で、各宮には神職として内人《うちびと》・物忌・物忌父の計三名(月読宮だけはさらに御巫内人がいる)がおり、内宮についで格式が高い。摂社は滝祭神社以下二四社で、神職として祝部が置かれ、官社(式内社)の社格をもつ(ただし、滝祭神社だけは後に式外社になる)。末社は鴨下神社以下一五社で、祝の徭《よう》役も免ぜられていない。また、末社は官社に登録されておらず、非官社(式外社)である。この関係は外宮でも同じで、別宮としては高宮、摂社は月読神社以下一三社、末社は伊我理《いがり》神社以下七社を数える。

内宮とその系列各社の社殿についてみると、前にも述べたように、内宮には一七院、六七棟という多数の建物があった。各別宮では正殿のほかに、宿衛屋(荒祭宮)、御倉(月読宮)、御船殿・御倉(滝原宮)、幣帛殿・御倉(伊雑宮)があり、その周囲を瑞垣《みずがき》・玉垣が二重にめぐっている。これが摂社になると、滝祭神社が「御殿無し」とあるのは例外とし

表1　伊勢神宮の神殿(正殿)の大きさ

神　　社　　群	神殿数	長　さ	広　さ	高　さ
内　宮	1	36.0尺	18.0尺	11.0尺
別　宮(4社)	8	15.6尺	10.6尺	8.4尺
摂　社(24社)	29	6.4尺	5.2尺	5.7尺
末　社(15社)	—			
外　宮	1	30.0尺	16.0尺	10.0尺
別　宮(1社)	1	24.0尺	12.0尺	10.0尺
摂　社(16社)	18	5.3尺	3.6尺	3.0尺
末　社(8社)	—			

注　内宮別宮・摂社，外宮摂社の値は平均値．

ても、おおむね正殿と正殿の周囲を玉垣がめぐっている形になる。最後の末社になると、社殿の記載がまったくない。外宮と系列各社の場合も、内宮よりも建物数は少ないが、基本的な社殿の構成では共通している。

ところで、両宮儀式帳には各社殿の建物の寸法が明記されている。正殿の大きさ（「長さ」は間口、「広さ」は奥行）を内宮・別宮・摂社で比較してみよう（内・外宮の正殿の高さでは建物の形にならないので、ここは板敷から上の柱高を示したものと解しておきたい）。

その結果、内・外宮とも別宮から摂社の順で建物が小さくなっていくこと、とくに内宮の摂社（官社）が、間口二メートル弱、奥行一・五メートル、高さ一・七メートル程度という小さな神殿であり、外宮の摂社はそれよりもさらに一回り小さかったことがうかがわれるのである。

このうち、内・外宮と別宮には神が常住していたと推定できる。というのは、各宮には程度の差はあれ、装束が規定されているからである。内宮の例をあげよう。内宮の装束は、正殿内の装飾品をはじめとして、衣類、日用品、寝具にいたるまで八八種にも及んでいる。別宮の各社は一五種前後と少ないが、それでも装束がある点では、内宮と変わりがない。このように装束が奉納されているということは、神々の神殿内での日常生活が想定されているからであろう。内・外宮と別宮の場合は、祭神が大神殿に常在しているとみるゆえんである。

伊勢神宮と同様の装束は、『延喜式』によると神祇官八神殿《はっしんでん》にあり、また、『住吉大社神代記』から住吉神社においても確認されることも付け加えておこう。神祇官八神殿は天皇の守り神を祭り、各神殿の大きさは「長一丈七尺、広一丈二尺五寸」として（『延喜式』三「臨時祭」）、伊勢神宮ではほぼ別宮の神殿の大きさに近い。しかも、八神殿に奉仕している御巫《みかんなぎ》（巫女）が交替するたびに神殿が改作されるという。住吉神社の方は前記したとおり、八世紀代には定期造替がなされていた神社であった。

それでは、律令国家が官社に強制した神殿が両宮儀式帳にみるように小建築であったということは、どのような意味をもっていたのであろうか。それについては、つぎのように考えたい。まず、在地の側からいえば、常設の神殿が造営される以前は、自然界から神を招いて祭る仮設の小神殿が設けられていた。それには現在でも関西地方などでよく見られるオカリヤ（御仮屋）・オハケの類のものを想定すればよいだろう。オカリヤ・オハケとは交代で神事を掌る頭屋《とうや》の屋敷内に常緑樹の枝などを用いて作る、神迎えの臨時の施設のことで、各地にさまざまな形態のものがみられる。したがって、すくなくとも在地社会では大きな神殿はなじまなかったのではないだろうか。一方、国家側の意図としても、官社に大規模な神殿の造営を認めることは、内・外宮や別宮よりも下位にランクされている神社にふさわしくないと判断されたはずである。この二つの関係から、在地の官社には仮設の神殿の系譜を引く小さな神殿が造営されるにいたったのであろう。しかし、両宮儀式帳によると、摂社（官社）には、内・外宮のような装束が規定されていない。これは神の定住が容易に実現していなかった、一つの現われともいえよう。

それに対して、両宮儀式帳には伊勢神宮の末社に神殿の記載がないので、常設の神殿をもっていなかった可能性が高い。ただし、『止由気宮儀式帳』には、外宮の末社に「社、料なし。祝、造り奉る」という、『皇太神宮儀式帳』にはない独自の記載がみえる。外宮の末社には常設の神殿が造営されていたこともあながち否定できないかもしれない。「社、料なし」とは、末社の神殿修造に正税からの支出（前述の『周防国正税帳』からして、人夫の工賃、食料費、釘・赤土の費用）がなかったことを意味する。とすれば、「祝、造り奉る」神殿が、摂社などのように常設化したものであったかどうか疑問であろう。むしろ、ここでの神殿は仮設のものとみるのが妥当ではあるまいか。おそらく末社は常設の神殿以前の段階に止まっているのであり、それだけに自然界とのつながりが生き残っていたのであろう。

伊勢神宮

このようにみてくると、出雲大社の高さ一六丈の巨大神殿は例外としても、伊勢神宮の内宮の正殿が官社の神殿と比べて格段に大きかったことにあらためて気づかれよう。しかも、正殿は五重の垣に囲まれており、自然界とのつながりを拒絶しているごとくである。『古事記』中巻「景行記」には、伊勢神宮のことを「神の朝庭《みかど》」、『皇太神宮儀式帳』には内宮正殿を「中（内）御門《みかど》」と記してあることからも、内宮正殿は天皇の宮殿を模したものと考えられよう。もっとも、現在（二〇〇〇年）、内宮境内で正殿を望んだとしても、西殿地の西側から、東殿地に建つ正殿の屋根の部分をうかがうだけである。外宮の正殿の場合も同様で、後方から正殿の屋根の一部がみえる程度である。したがって、正殿の大きさを近くで感ずることは困難という他ないが、ここでは、長年、伊勢神宮の神職として神宮に奉仕した経験をもつ桜井勝之進氏の指摘を引用しておこう（『伊勢神宮』学生社、一九六九年）。

……瑞垣南御門内の軒下に着座してふり仰げば、まの辺りにご正殿（外宮正殿―引用者注）がことのほか大きく拝される。ある時は漆黒の闇空に、ある時は月明の中に、ある時はきらめく星空のもとに、またある時は降りしきる雨を透して、重厚な萱の御屋根が頭上にのしかかるような感じである。……この深更の祭儀において地上に坐してふり仰ぐご正殿のお姿というのはまことに偉大である。仏像はすわって拝観するものとは教えられてきたけれども、神の宮居もまた大地に坐して拝むものだとは、うかつにも神宮に奉仕して初めてさとった。

他の宗教の殿堂とちがって、神宮の社殿には威圧感がなくて親しみやすい、という感想をもらす外国人がよくある。森の中に溶けこんだ植物質の建築であるから、これにも一面の真はあろう。しかし所詮それは鑑賞者の所見にすぎないのであって、拝むものの実感ではない。

基層信仰では、神は自然界に常住し、人里を定期的に来訪するだけであった。祭りのたびに神は新設された仮設の神殿に迎えられ、神威はよみがえった。ところが、神が霊力に満ちた自然界から離れて神殿に常住することは、それだけ霊威が補充されず、神威の減退につながったはずである。そもそも、律令国家は官社に対して常設の神殿をもつよう強制した。しかし、いったん、常設の神殿が造営され、そこに神が常住するようになると、神威の衰退を招く。霊験あらたかなる神が神殿に住み、国家のさまざまな祈願に答えさせるためには、国家にとって、どうしても神威の活性化が必要であったに違いない。では、国家は活性化のためにどのように対処しようとしたのだろうか。

神威の更新

結論を先回りして述べれば、それが国家による神殿の修理だったのではないだろうか。

『皇太神宮儀式帳』によると、摂社二五社のうち、神殿のない滝祭神社を除き、六社は内宮・別宮と同様に「造宮使」による造営、残りは「破壊の時に随ひ、国郡司、正税を以て修造すること件《くだん》の如し」とある。『止由気宮儀式帳』に、摂社一六社のうち、三社が外宮・別宮と同じく「造宮使」による造営、残りの一三社は「国、料を宛て奉り、祝に造り奉らしむ」とあるのも、内宮の場合と同様、正税による修造であろう。造宮使による摂社の造営は伊勢神宮の特殊性に由来するとしても、国郡司による修造は他の国の場合にも該当しよう。国家は、神社の破壊が神威の衰退を表わすものとして忌避したのである。国家にとって神威の更新のためにも神殿の修理は必要不可欠なことであった。

内・外宮と別宮の方は、二〇年に一度、定期的に造替され、その際、装束や神財物（神宝）も一新された。二〇年という年限についてはは諸説があるが、すくなくとも、これが建築の耐用年限に基づいていたわけではなかったらしい。長暦四年（一〇四〇）七月、大風で外宮正殿などが顚倒したが、この一件に関して、藤原高房は日記『春記《しゅんき》』に、正殿は「百年を経ると雖《いえど》も朽損《きゅうそん》すべからず、何ぞ況《いわん》や廿年に於てをや」（長暦四年八月一〇日条）と書いているからである。とすれば、定期造替もやはり国家による神威の更新策であったとみてよいだろう。ただし、すでに自然界との往来を絶ちきっている神は東西に設定された敷地を二〇年に一度、往復するだけになった。『皇太神宮儀式帳』は、内宮の御神体である鏡の移動を「行幸」と記している。アマテラスの「行幸」とは、天皇とアマテラスが同格だという表われであるが、それは同時に、末社の神々が自然界から季節的に来訪することと対置されるべきものでもあったろう。

『年中行事絵巻』より

古代の神社建築の形状などが具体的に判明する例は意外なほど少ない。管見の限りでは、わずかに両宮儀式帳から伊勢神宮、『延喜式』三「臨時祭」から神祇官八神殿、「長元三年（一〇三〇）上野国不与解由状草案《ふよげゆじょうそうあん》」（「上野国交替実録帳」）から抜鉾《ぬきさき》神社（群馬県富岡市の貫前神社）が知られるにすぎない。ここでは、平安末期の『年中行事絵巻』にいくつかの神社の図が描かれているので、それを取り上げてみたい。とくにそのうちの四つの図をもとに、古代の神社の建物や景観を検討したいと思う。

図3は京近辺の名もない神社境内の闘鶏図である。この神社が式内社かどうかもわからないが、二つの常設の神殿が建ち並んでいる。どちらの建物も、流造から正面の階段を省いた形の見世棚《みせだな》造である。左手の神殿の内部に置かれた丸い形のものは御神体としての丸石であろうか。右手の神殿の棚には神酒や供物が並べられている。そして、その前で闘鶏が行われているが、神殿の右手に鳥居と板垣・柴垣、その内側に巫女の家とおぼしき建物が描写されている。二神殿の間には太い木が二本描かれてあるが、これは御神木であろう。神の依り代としての御神木の脇に神殿が建てられており、依り代と神殿との関係の深さ、御神木から神殿へという推移がうかがわれる。注目したいのは、向かって左手の神殿であ

図3　闘鶏（『年中行事絵巻』巻3）

る。ちょうど、一人の女性が前に立っているので、その大きさの見当もつくだろうが、きわめて小さな建物であったことがわかる。しかも、その土台は特徴的である。井桁《いげた》に土台を組み、その上に柱を建てていくというもので、このような井桁土台の建物は、今日の神社建築でもしばしば目にするところである。建築史家は、井桁土台の建物とは、神輿《みこし》と同じように、土台をもって移動させやすい形であると指摘している（稲垣栄三『原色日本の美術』一六、小学館、一九六八年）。すなわち、祭りの場に神輿、すなわち井桁土台の建物を置き、祭りが終われば それを運び去るものなのであろう。まさに、仮設の神殿の系譜を引く建物といえるのではないだろうか。それに対して、向かって右側の神殿は掘立柱の建物であり、左側のものよりも一回り大きい。それでも小建築であることには変わりがない。そして、このような小建築こそが、両宮儀式帳にみえる摂社（官社）の神殿だったのではないだろうか。

図4は平安京の西南、梅宮神社（『延喜式』神名帳の山城国葛野郡梅宮坐神四座）における梅宮祭を描いた図である（福山敏男「年中行事絵巻の所謂平野祭図」〈『日本建築史の研究』綜芸社、一九八〇年〉）。図の左手には春日造の四神殿が、また、境内には一〇の見世棚造の小神殿が描かれている。四神殿は、図3の神殿よりも大きいという感を受けるし、前面の

床下には土台用の石が並べられているが、それでも井桁土台の建築であった。他の小神殿も礎石の上に建つものが一つあるが、いずれも井桁土台の建物である。これは舞殿などの、神殿以外の建物がいずれも礎石建であったことと対照的である。また、境内には、あちらこちらに大木がみえ、また、四神殿の前には棕櫚《しゅろ》の木もあり、樹木と神社の関係の深さがうかがわれる。

図5は平安京の北、今宮神社（式外社）の祭りを描いたものといわれている。千木《ちぎ》をのせる三神殿、手前と右手に二つの社殿があり、神殿前の庭では巫女の舞が演じられている。三神殿は礎石の上に建てられているが、『年中行事絵巻』では礎石建の神殿は他に例がない。神殿や瑞垣の前後には多くの樹木が描かれているが、これは古語にいうモリに該当しよう。

図6も図3と同じく見世棚造の神殿と板垣だけの、名もない神社の図である。神殿の前では、左右に分かれて採集した草を合わせ、その種類などにより優劣を争うという草合《くさあわせ》が行われているが、ここでも神殿はやはり小さな建物で、井桁土台であった。神殿に納められているのは図3の左手の神殿の場合と同様、御神体としての丸石であろうか。神殿右手の太い二本の木は御神木であり、そのさらに右手の岩石はイワクラとみられる。板垣は

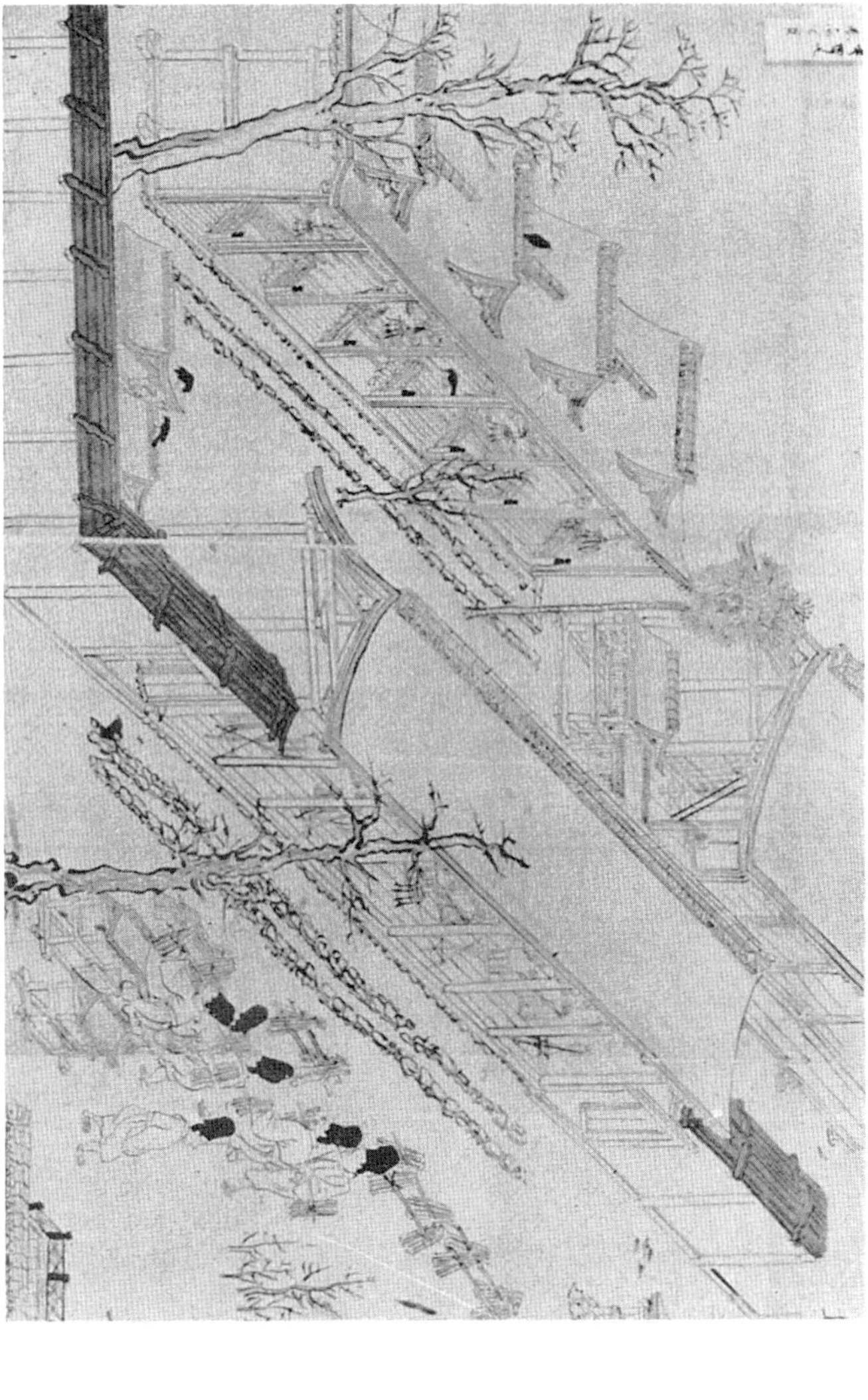

図4　梅宮祭（『年中行事絵巻』巻12）

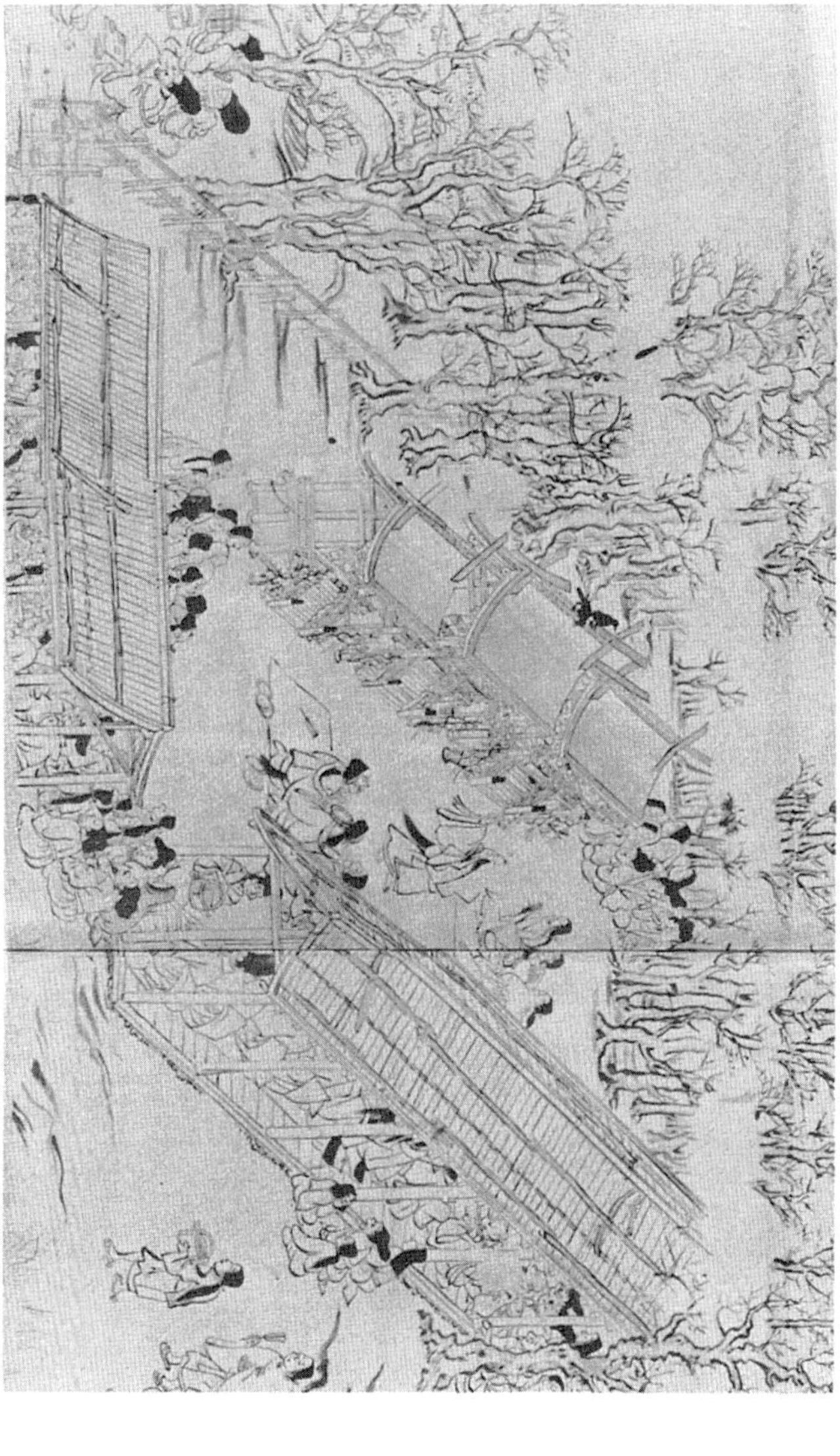

図5 今宮祭（『年中行事絵巻』巻12）

図6　草合（『年中行事絵巻』別本巻3）

神殿の四周を巡っていないが、奇妙なことに一本の神木と神殿を囲むものの、もう一本の神木とイワクラを囲む形になっていない。これは樹木や岩石に対する信仰が後退しつつあったことを意味しているのかもしれない。なお、板垣の手前にあるのは石仏であろうか。神仏習合の一齣《ひとこま》といえよう。

『年中行事絵巻』には図3から図6も含めて、全部で三四の神殿が描かれている。土台の形状から内訳を示すと、井桁土台の神殿は二三、掘立柱の神殿は二、礎石建の神殿は三、不明は六になる。『年中行事絵巻』の成立年代は平安末期であるが、それでも井桁土台の神殿が全体の七割を占めていたことに注意したい。神の常住が進めば、それだけ掘立柱や礎石建の、より堅固な恒久的な建築が増加するはずである。現に両宮儀式帳から、内・外宮の正殿が掘立柱建物であったことが確認できる。とすれば、時代が溯れば溯るほど、仮設の神殿の流れを汲む井桁土台の神殿が多かったであろうことも予想できるだろう。また、神殿の大きさを『年中行事絵巻』から判断するのは難しいが、梅宮神社が古代の有力貴族、橘氏の氏神社であることも関係しようが、図4の四神殿が大きい方に属するのではないだろうか。全体的には小さい神殿が多いことは繰り返すまでもあるまい。

『年中行事絵巻』の神社を景観という観点からまとめると、全般的に御神木、モリ、イワクラが流造・春日造・見世棚造の小神殿の周辺に描かれているケースが少なくない。神殿が井桁土台の建物であったことと合わせて、基層信仰において神社の原形がどのようなものであったかを知る手がかりになろう。

神殿遺構の発見

ところで、近年、各地の遺跡から「神殿」遺構が発見されるようになった。しかし、その遺構が「神殿」であるとはにわかに認め難いところがある。もし、一部の学者が唱えるように、「神殿」説が承認されることになると、今までの考察の中に修正すべき箇所が生じてくる。そこで、「神殿」遺構の発見について、触れておくこととしたい。

かつて、福山敏男氏は、神社建築は小規模であるため、地下に痕跡が残らないことが多いとされ、遺跡調査から神社建築を具体的につかむことは「殆ど絶望に近い」と指摘されていた（「奈良時代における神宮の内院殿舎」〈『神社建築の研究』中央公論美術出版、一九八四年〉）。しかしながら、一九八六年に、群馬県前橋市の鳥羽《とりは》遺跡のH1号掘立柱建物が「神殿」（以下、鳥羽「神殿」と仮称）に比定されて（宮本長二郎「鳥羽遺跡の神殿建築について」〈『鳥羽遺跡G・H・I区』本文編、群馬県教育委員会、一九八六年〉）以来、同様な事例が各地で検出され、現在では弥生時代から平安期にいたるまで二〇例前後に及ぶといわれている。このような「神殿」遺構を神殿とみることについては批判的な見解が出されており（岡田精司「神社建築の源流」〈『考古学雑誌』四六―二、一九九九年〉）、私も批判説に従いたいが、ここでは最初に「神殿」とみなされた鳥羽「神殿」を取り上げて、「神殿」説が成り立ち得ないことを指摘しておこう。

鳥羽「神殿」は、図7のように、二重の濠《ほり》と一重の柵囲《さくがこ》いを伴い、年代的には八世紀中ごろから九世紀代のものである。遺構の平面は方二間（一辺約四・四メートル）の身舎《もや》の四周に方三間の柱列がめぐるという。この遺構が「神殿」と判断されたのは、①住吉大社の本殿に近接して玉垣がめぐっている形が当該遺構と似ていること、②方二間の平面形式が出雲大社本殿と共通していること、③『類聚神祇本源』所引の宝亀二年（七七一）二月一三日太政官符は「大中少社」の区分によって正殿の高さや千木の長さなどを規定した内容であるが、これによると、鳥羽「神殿」は「正殿一宇・瑞垣一重・鳥居一基」となり、太政官符の「少社」と一致していること、の三点である。

しかし、この見解はつぎの諸点で賛同できない。第一は、鳥羽「神殿」の大きさである。前述したとおり、王権と関係の深い特別の神社・神宮を除いて、神社建築は小さいのが普通である。鳥羽「神殿」の建物を伊勢神宮の建物の寸法（表1、六三ページ）と比べれば、

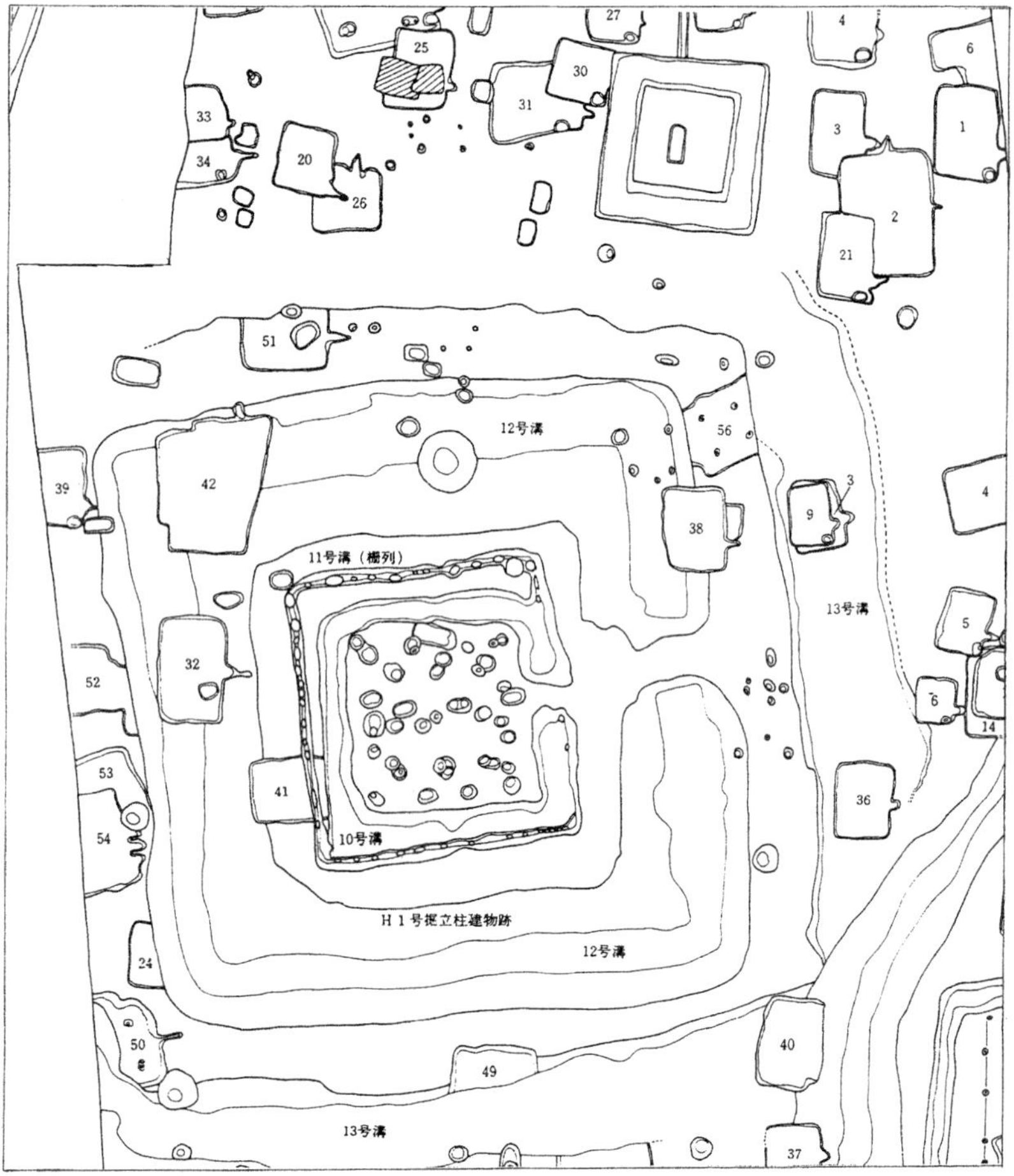

図7　鳥羽「神殿」遺構図（『鳥羽遺跡G・H・I区』本文編〈群馬県教育委員会、1986年〉付図より）

別宮クラスの大きさに匹敵していたことになる。上野国の式内社に比定されることもない鳥羽「神殿」がはたして、別宮級の神殿をもつことが可能であっただろうか。第二は、祭りの場の問題である。祭りは本来、庭上で行われる。『年中行事絵巻』でも庭上での祭りが描写されていたし（図3〜6）、伊勢神宮においては古代以来、庭上で祭りが行われていた。ところが、鳥羽「神殿」の場合、濠がめぐっており、その空間がない。第三は、二重の濠が周囲をめぐっているのは、神社としてはふさわしくないことである。『年中行事絵巻』でもみたように、神殿の周りに垣根があったが、濠をめぐらす神社は現在においても寡聞にしてその例を聞かない。第四は、多くの神社は自然界とのつながりをもっており、神殿の近くにはイワクラやモリなどの依り代があった。これは基層信仰にとって重要な点であるが、鳥羽「神殿」にはそれが見当たらず、「神殿」とするのには失格といわねばなるまい。第五に、鳥羽「神殿」の周囲に竪穴住居群や鍛冶工房群が存在する点である。神社は集落から離れた地に立地するのが一般的で、その点からも鳥羽遺跡は神社の立地条件に合致しない。第六に、『類聚神祇本源』の宝亀二年太政官符は、社格を人間と同じように神にも位階を授けるという神階によって区分しているが、宝亀年間では神階は多くの神々に叙せられていない。その点で同官符の実効性が疑われる。同官符は偽作の可能性が高いとみられよう。第七に、鳥羽「神殿」を復元するに際して、住吉大社や出雲大社との比較をすることも問題である。両社のような王権とつながりの強い神社を一地方の神社の復元に利用すること自体、はじめから納得できないところといえよう。

以上のようにみると、鳥羽「神殿」を神殿遺構とする説にはとうてい、賛成するわけにはいかない。濠に囲まれた遺構は「神殿」ではなく、倉庫とみるのが妥当ではあるまいか。事情は他の「神殿」とされた遺構――大阪府和泉市・泉大津市の池上曾根遺跡（弥生時代中期後半）、鳥取県羽合《はわい》町の長瀬高浜遺跡（四世紀後半から五世紀初頭）、東広島市の西本六号遺跡（七世紀後半）、東京都府中市の国府関連遺跡（平安前期以前）などについても該当する。「神殿」説を批判する場合、遺構を何とみればよいかという問題は残るが、すくなくとも、右の諸遺跡の「神殿」遺構を「神殿」とすることには慎重でありたい。

繰り返しになるが、古代の神社建築は井桁土台の小建築であったと推定される。すなわち、地下に痕跡の残りにくい建物だったのではないだろうか。遺跡の調査で神殿跡を検出することは、掘立柱の大きな神殿をもつと予想される一部の例外的な神社を別とすれば、最初から至難なことではないかと思うのである。

これまで、自然崇拝の段階から、神社にいつ、いかなる契機で常設の神殿が成立してきたかを述べてきた。以下では、それを「神殿成立の諸段階」という形でまとめておこう。

神殿成立の諸段階

まず、第一段階は、常設の神殿造営以前で、神々の自然界からの季節的来臨、祭日における仮設の神殿の設営という段階があった。それは、イワクラ・イワサカ・モリ・サカキ・ヒモロキ・カムナビ・ミモロ・ヤシロなどといった古語からもうかがえるところであった。基層信仰における自然崇拝の重要性は、強調しても強調しすぎることはあるまい。しかも、それは官社、後には非官社に常設の神殿が造営されるようになっても、けっしてかわることはなかったはずである。

第二段階として、七、八世紀に伊勢神宮や石上神宮などの、王権と関係の深い神社（神宮）で大神殿が造営された。伊勢神宮などの神は、天皇の祈願や王位の非常に備えるためにも、常設の神殿に常住することを求められたのであった。七世紀後半には、律令国家は官社に対しても、常設の神殿造営を義務づけた。国家は定期的に来訪する神を神殿に封じ込めて、都合の良いように利用しようとしたのであろう。ここに在地首長や村落首長が祭る、各地の官社に常設の神殿が国郡司の手で造営されることになった。ただし、その建物は、仮設の神殿の系譜を引く井桁土台の小神殿であったと推測される。また、神宮や官社に神殿が造営されると、国家は伊勢神宮などには定期造替を、官社に対しては国郡司による修理を命じた。これは国家による神威更新策でもあったとみられる。

このように、常設の神殿の成立は王権や国家の祭りの対象となる神宮、神社（官社）からはじまったのであって、在地社会で仮設の神殿から常設の神殿へと自然に推移したわけではなかったと思われる。また、常設の神殿に六世紀に伝来した仏教―寺院建築の影響を指摘する向きもあるが、寺院の堂塔と神社の神殿との間には形態面においても、その開始年代においても隔たりが大きいのであって、寺院建築が直ちに常設の神殿の成立を促したとみることはできない。

第三段階は、九世紀以降である。大同四年（八〇九）から弘仁三年（八一二）にかけて、国家は神社の修造策を出している（『日本紀略』大同四年四月一六日条、『類聚三代格』一、弘仁二年九月二三日太政官符、同弘仁三年五月三日太政官符）。貞観一〇年（八六八）六月には、封戸をもつ始祖の神社は、封戸のない末裔の神社の修造を援助する命令もみられる（『類聚三代格』一、貞観一〇年六月二八日太政官符）。また、九世紀中ごろになると、これまでの官社制とは別に神階社制が展開してくる。神階は、初見する八世紀中ごろ以降は官社に限って与えられていたのが、九世紀中葉を境に非官社にも及ぶようになり、しかも、その授与は極めて広範囲の神々にまで波及した。この前提として村落首長や富豪層の台頭があり、村落首長や富豪層の神々まで広く統制する手段が神階社制であろう。神階を授与された神社には非官社に対しても国司による社殿の造営が義務づけられており、その意味で神階社制が神殿造営拡大の有力な契機になったことは疑いない（川原秀夫「神階社考」〈『古代文化』四九―一二、一九九七年〉）。

一〇世紀中ごろから後半になると、神階社制は各国の国司が独自に国内の神々に神階を授ける体制に転換していく。この段階になると、各国の一宮を中心に大神殿が修造されるようになった。その典型例が上野国一宮の抜鉾《ぬきさき》神社で、「専玉殿」（神殿）は「長三丈五尺広二丈　高三丈五尺」（「長元三年上野国不与解由状草案」）の規模であった。この寸法は材木の長さであって、実際の建物はもう少し小さく見なければならないとしても、「専玉殿」の大きさは伊勢神宮内宮（正殿）に相当する。かかる大神殿が上野国に出現するのも、長元三年当時、国司を中心とする諸国内の神々の秩序が形成されていたからであって、八～九世紀段階ではありえなかったことといえよう。

しかしながら、官社制や神階社制だけが神殿造営の契機になったわけではあるまい。というのも、九世紀に入ると、仏教寺院の境内に護法神を祭る小建築が登場するようになり、それが神社建築に影響を与えたとする見解〈岡田精司「神社の源流はどこまで遡れるのか?」〈別冊宝島EX『神道を知る本』宝島社、一九九三年〉があるからである。要するに、九世紀以降の神社修造は、官社制・神階社制による場合と神仏習合を媒介とするケースと両様あり、ここに八世紀代以上に常設の神殿が各社に普及したことが推定される。『年中行事絵巻』では、無名の神社にいたるまで神殿が存在していたが、それは神殿造営が在地社会に広く波及した時代の神社景観が描写されているからであろう。

カモ神社とカモ県主

カモ神社とその周辺

下カモ神社

京都市の北東部、賀茂《かも》川と高野《たかの》川の合流点北に下《しも》カモ神社が鎮座している。古代の正式名称は賀茂御祖《みおや》神社（『延喜式』神名帳）、祭神はカモ別雷《わけいかずちの》命《みこと》（上社祭神）の母神玉依媛《たまよりひめ》命とその父神カモ建角身《たけつのみ》命（別雷命の外祖父）である。

高野川にかかる河合橋を渡り、一の鳥居を通って下社の境内を進むと、まず、摂社の河合神社の社殿が目に入る。河合神社といえば、鎌倉時代の歌人、鴨長明が元久元年（一二〇四）、同社の禰宜《ねぎ》を辞して大原の奥に隠棲したことでも知られている。河合神社の辺からは糺《ただす》の森と呼ばれる大きな森が神域をつつむ。モリと神社とのつながりは下カモ神社でもうかがうことができよう。

うっそうとした糺の森の中の道を北へ歩くこと一〇分程度で、朱塗りの大きな楼門の前に出る。その楼門の北側に舞殿をはさんで中門があり、中門の奥に二神殿が並んで位置する。両殿とも身舎《もや》の間口五・九一メートル、奥行三・八二メートルの流造の建築で、神殿の大きさとしては伊勢神宮では別宮《べつぐう》クラスといえる。これは上社の本殿とほぼ同形同大であり、また、二神殿とも井桁《いげた》土台の上に建てられている点でも上社と共通している。下社の現本殿は文久三年（一八六三）に造替されたものであるが、本殿以外の、楼門・中門・舞殿などの主要な社殿はいずれも寛永五年（一六二八）に造替されたものであった。

京都国立博物館蔵の『賀茂御祖神社社頭絵図』は鎌倉時代ころの原図をもとに室町時代に描かれたものといわれているが、同図を現在の下社境内と比べてみると、本殿の西側に斎院御所の一郭と、河合神社の北隣に、多宝塔・正面七間の堂（本堂）・食堂などをもつ神宮寺《じんぐうじ》が現存していないことがわかる。このうち、斎院御所がなくなったのはカモ神社に斎王が奉仕したのが建暦二年（一二一二）に退下した礼子《いやこ》内親王までで、以後、廃絶したことに原因があろう。神宮寺の方は一〇世紀末には成立していたとみられる（『小右記《しょうゆうき》』寛弘二年〈一〇〇五〉四月二〇日条）が、明治の廃仏毀釈《はいぶつきしゃく》によって破却され、現在は神宮寺の旧地に礎石の一部と池の跡がわずかに残っている程度である。しかし、斎院御所と神宮

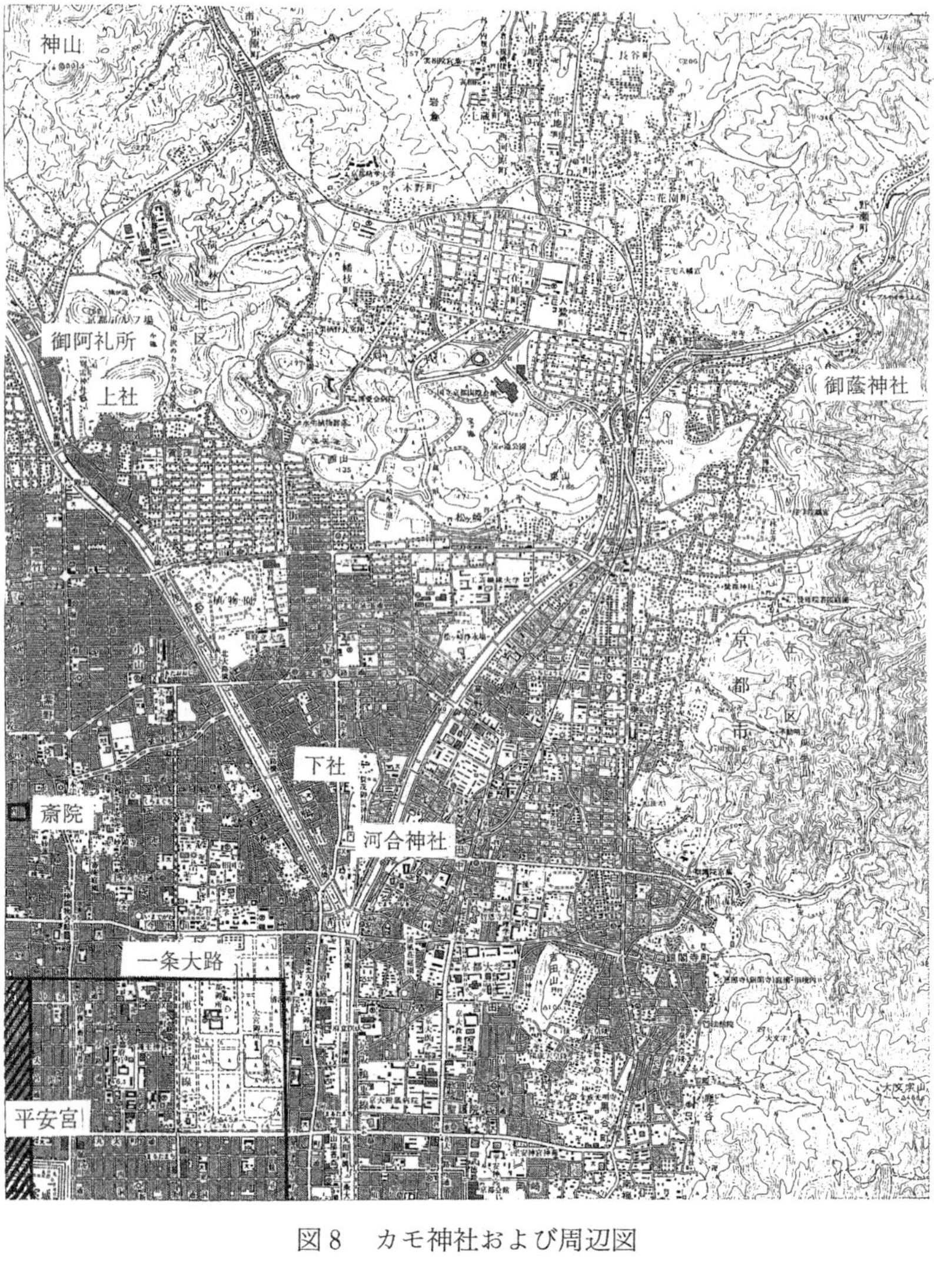

図8　カモ神社および周辺図

寺を除くと、細部は別として全体的な境内の社殿の配置などは『賀茂御祖神社社頭絵図』と現状との間に大きな開きはない。『賀茂御祖神社社頭絵図』には河合神社や下社の本殿周辺に樹木がびっしりと描かれてあり、神域がモリに囲まれているという姿も今日と変わらない。したがって、現在の下社の景観はおおむね鎌倉時代に溯るとみてよいであろう。

御蔭山と御蔭祭

下社の神体山は御蔭山《みかげ》（京都市左京区上高野東山）である。カモ川と高野川の合流点南の出町柳《でまちやなぎ》駅から、叡山電鉄の電車にゆられること一五分ほどで、終点の八瀬遊園駅につく。駅から眼前の高野川をわたって少し南に行くと御蔭山中腹に御蔭神社がある。御蔭神社にも下社と同様、玉依媛命とカモ建角身命が祭られている。御蔭山は比叡山西麓の、標高一五〇メートル《メートル》ほどの小さな山で、カムナビ型の神体山といえる。もっとも、御蔭神社は高野川の氾濫と地震による山崩れのため、御蔭山麓の社地が埋没したため、天保六年（一八三五）に現社地に移ったという。

五月一二日、下カモ神社では御蔭祭が行われている（旧暦では四月中午日）。午前一〇時ころ、宮司以下神職が下社を出立し、御蔭神社に向かう。御蔭神社では神霊の依《よ》り代《しろ》（一五センチ《センチ》ほどの榊で御生木《みあれぎ》と称されている）を櫃《ひつ》におさめ、夕方、神霊櫃を乗せた神馬を中心に行列が糺の森の中を進み、本社に還幸するという祭りである。おそらくは神迎えの神事であろう。

御蔭祭に関する史料としては、江戸後期の国学者の伴信友《ばんのぶとも》（一七七三〜一八四六）が『瀬見小河《せみのおがわ》』で紹介した「文明三年（一四七一）卯六月日注文案」に「正慶二年（一三三三）四月十九日、天晴、御蔭山に御行す、……右、神事の次第、今日遅々として夜に入る。神馬以下の事、御山の儀、諸事先例の如く無為也……」（『下鴨社家古文書』）とあるのがもっとも古く、これに中原康富《やすとみ》の日記、『康富記《やすとみき》』に「鴨御蔭山の祭也、例の如しと云々」（嘉吉三年〈一四四三〉四月二一日条）、「抑《そもそも》、是日、鴨社御蔭山の祭礼也」（文安四年〈一四四七〉四月二一日条）とあるのが次ぐ程度で、古い記録がない。御蔭祭が迎神神事として成立するのは近世に入ってからとみる説（土橋寛「賀茂のミアレ考」〈『日本古代の呪禱と説話』塙書房、一九八九年〉）もある。御蔭祭の成立についてはなお検討すべき点もあり、後考を俟《ま》ちたいと思う。

下社の分立　カモ神社はもともと一つの神社であった。下社の存在が史料上、確認できる最初は天平勝宝二年（七五〇）のことで（『続日本後紀』承和一五年〈八四八〉二月二一日条）、それ以前は、カモ神社といえば上社を指していたものと思われる。

このことはつぎの二点からも裏付けられよう。

第一は、『山城国風土記』逸文が、カモ神社には「可茂《かも》社」と「蓼倉《たでくら》の里なる三身の社」があり、三身(井)の社には「賀茂建角身命・丹波の伊可古夜日女《いかこやひめ》(別雷命の外祖母)・玉依日女」が祭られていたとしている点である。可茂社は上社、三井の社は蓼倉の里に下社が位置している(現在、下社の東北隣が蓼倉町である)ことからも、下社とみられる。しかしながら、ここに下社の名が見えず、三井の社とのみあることからすれば、『風土記』が編纂された八世紀初めには、下社は独立しておらず、上社の摂社にすぎなかったといえよう。

第二は、『新抄格勅符抄』所引「大同元年牒」に、下社の封戸(神戸のことで、神戸の調庸・田租は国司の管理下で神社の造営費や祭祀の運用費に充てられた)として、

　鴨御祖神　廿戸　山背国十戸、丹波十戸
天平神護元年九月七日

とあるのも手がかりになる。このうち、「山背国十戸」は『続日本紀』延暦四年(七八五)一一月庚午条に「詔して、賀茂の上下の神社に愛宕郡の封各十戸を充てたまふ」とあるのと、「丹波十戸　天平神護元年九月七日」は『賀茂神官鴨氏系図』の「主国」という人物の注記に「右の人の時、天平神護元……を以て、大神に封戸拾烟を給はり奉る」とあるのに、それぞれ該当するので、下社には、封戸として天平神護元年(七六五)に「丹波十

戸」、延暦四年に「山背国十戸」が国家から充てられたことになる。すなわち、天平神護元年にはじめて、下社に独立の官社として封戸が認められたことになろう。

このように、本来は一つであったカモ神社が八世紀中ごろ、下・上社に分立したとみられる。問題はなぜ、分立したのかという点である。井上光貞氏は「分立の理由は不明だが」と断りつつも、「上カモ社の祭の盛大に手を焼いた国家の、宗教政策の結果ともみられるだろう」と指摘された（『カモ県主の研究』〈『日本古代国家の研究』岩波書店、一九六五年〉）。この指摘は重要であろう。すくなくとも、奈良時代において、律令国家とカモ神社とは厳しい対立関係にあったこと（後述）は記憶にとどめておいていただきたいと思う。

上カモ神社

上社は下社からカモ川を上流に遡って、北西約四キロのところに位置する。古代の正式名称は賀茂別雷神社（『延喜式』神名帳）、祭神はカモ別雷命という雷神である。

古代の上社の四至は、承和一一年（八四四）一二月二〇日太政官符によると、東限が「路弁に百姓宅地」、南限が「道弁に百姓宅地公田」、西限が「鴨川」、北限が「梅原山」であった（『類聚三代格』一）。東限と南限の具体的な場所は明確にし難いが、北限の梅原山は上社の北約四キロの地（叡山電鉄鞍馬線二ノ瀬駅付近）といわれているので、カモ神社の領域は北方に広く及んでいたことがわかる。

ところで、この一帯はモリが重要な意味をもっていたのではないだろうか。というのも、『三代実録』貞観一〇年（八六八）四月六日条に「使を賀茂社に遣して、奉幣せしむ。伐木幷に穢損《えそん》の事を謝し申す」、同貞観一二年六月二二日条に下・上社への「告文」（祝詞）の中に「……上宮（上社のこと）の四至の内に木を伐り、幷に穢損の事在りと……」とあり、下・上社の四至内には伐木の対象となるようなモリがあったと推定されるからである。しかも、後者の場合、伐木・穢損がもとで「近来、霖雨《りんう》晴れ難くして百姓の農業、頗る《すこぶ》流損せり」とされており、ここからも神のモリの伐木は神の怒りを招く行為であったことがうかがえよう。

上社の一の鳥居から北側は草原が広がり、その先の二の鳥居をぬけると、主要な社殿が川の流れに沿って建ち並んでいる（図9参照）。細殿の前には、白い砂で円錐形につきかため先端に松葉を挿した、一対の立砂《たてすな》がみられる。同じものは本殿の前にもあり、細殿前の立砂と比べるとやや小ぶりである。立砂は神体山の神山を形取ったもので、神が降臨する際の依り代といわれている。

社殿の中心の本殿と隣の権殿《ごんでん》（仮殿）は下社と同じく、井桁土台の上に建てられた流造

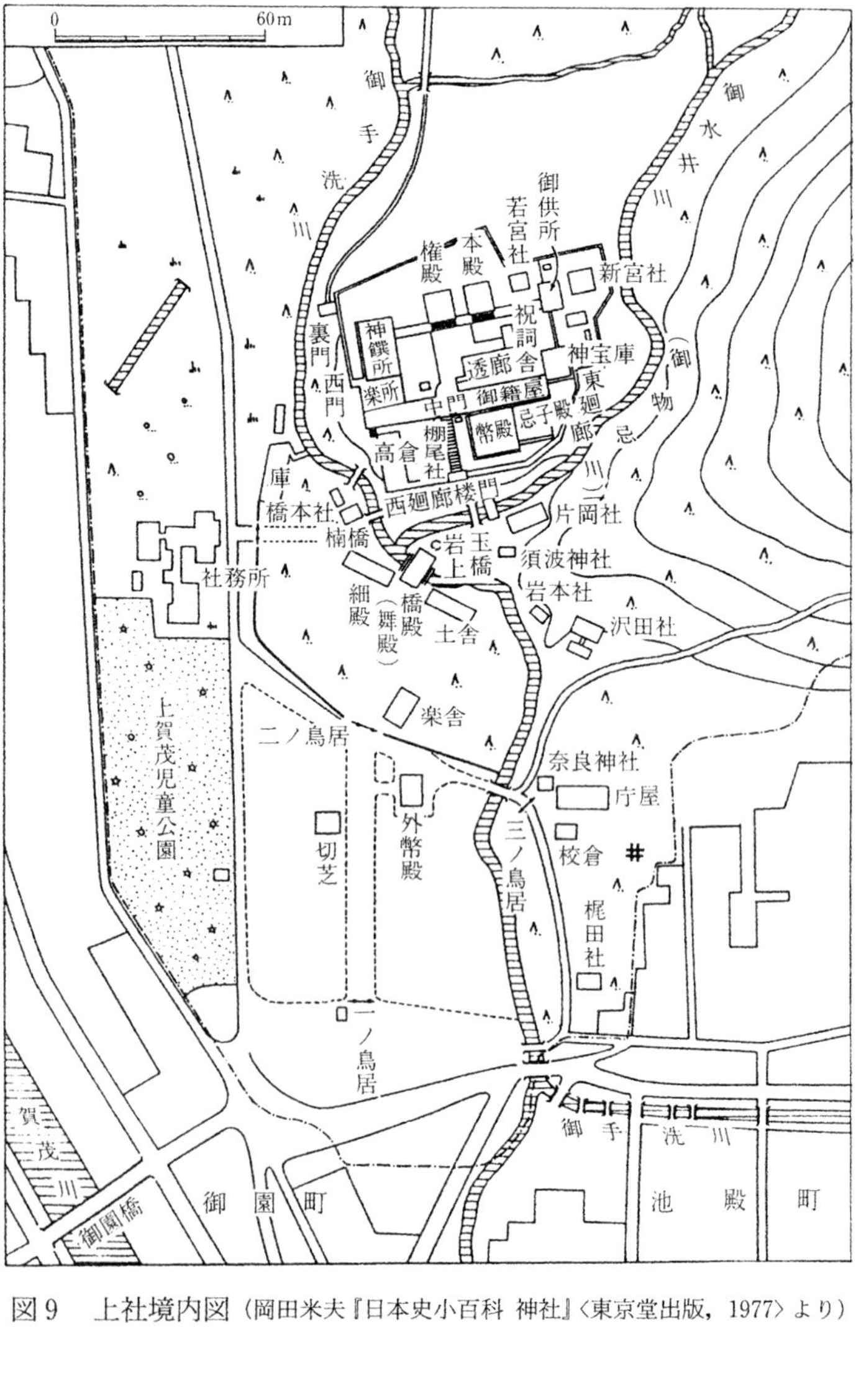

図9　上社境内図（岡田米夫『日本史小百科 神社』〈東京堂出版，1977〉より）

の建物である。本殿・権殿は文久三年（一八六三）造替のもの、それ以外の主要な殿舎は寛永五年（一六二八）に造替されたものであった。

カモ神社における常設の神殿の起源に関しては、『年中行事抄』所引の『右官史記《うかんしき》』に「天武天皇六年（六七七）二月、山背国をして賀茂神宮を営ましむ」とある。『右官史記』の記すところをそのまま信用すれば、七世紀後半に山背国司によって上社に常設の神殿が造営されたことになろう。天武朝は官社制の創設期であり、国家は官社に対して神殿の造営を義務づけたことは前述のとおりである。畿内の有力な神社の一つであったカモ神社も官社に組み込まれ、天武一〇年の神殿造営命令に先立って常設の神殿が造営されたとみてよいのではないだろうか。

上カモ神社蔵の『賀茂別雷神社社頭絵図』は、鎌倉時代末期の状況を室町時代初期から中期に描いたものと推定されているが、現状とおおむね一致しており、現在の上社の景観も古く溯るとみられる。ただし、同図にあって現在失われている建物もある。それは、本殿西方の経所、その西南の院御所、その南の宝塔、それに一の鳥居東（御手洗《みたらし》川の東）の酒殿・贄殿《にえ》・御倉などの一廓、さらにその東北にあった神宮寺の堂塔や池などをあげることができる。ここでも下社と同様に、斎院《さいいん》御所（院御所）と神宮寺関係の建物の有無が絵図と現状との基本的な相違点といえよう。

カモ神社と神仏習合

上社の境内に『賀茂別雷神社社頭絵図』にあるような神宮寺が出現した時期ははっきりしない。嘉承元年（一一〇六）四月一三日、本殿西の「経蔵」から出火して本殿が焼亡した（『永昌記』）とあり、永久四年（一一一六）六月二〇日、天皇の御願により「賀茂上社多宝塔」の供養が行われた（『百錬抄』）とあることからすれば、おそくとも一二世紀初頭には上社に神宮寺ができていたとみられる。

カモ神社に仏教信仰が浸透するのは、下・上社境内に神宮寺が建立される以前の時期からであった。カモ神社と仏教との関連がうかがわれる史料としては、『正倉院文書』の天平六年（七三四）七月二七日「優婆塞貢進文《うばそくこうしんもん》」が初見である。それには、「山背国愛宕《おたぎ》郡賀茂郷岡本里戸主鴨県主呰麻呂《あざまろ》戸口」で「年廿三」の「鴨県主黒人」が「浄行八年」にして「読・誦経」できる経典名が記入されている（『大日本古文書』一）。また、天平二〇年（七四八）四月二五日「写書所解《げ》」があり、その中に「山背国愛当郡」の「鴨県主道長」と「鴨禰疑白髪部防人《ねぎしらかべ》」という、どちらも写書所で「労四年」、「年十八」なる人物が出家を願い出ていたことがわかる（『大日本古文書』三）。二人はともにカモ神社を奉斎していたカモ県主《あがたぬし》の一族で、八世紀中ごろ、カモ県主の一族に仏教を受容していたものが知られる。

『続日本後紀』天長一〇年（八三三）一二月一日条によると、「賀茂社」（上社）の東一里ほどのところに「岡本堂」と称する「道場一処」があり、それは「神戸《かんべ》百姓」が「賀茂大神」のために建立したものであるが、「天長年中」（八二四〜八三三年）に検非違使が打ち壊したのを、淳和天皇の勅があり、「仏力神威、相須《もち》ふること尚し」として「堂宇」の「改建」を聴《ゆる》したとある。岡本堂は上社の東側六〇〇メートルほどのところに岡本の地名が残っている（上京区上賀茂岡本町）ので、そこに建立された仏堂であろう。しかも、岡本の地は、先の「優婆塞貢進文」にみえる鴨県主黒人の本貫地（賀茂郷岡本里）でもあった。

また、カモ神社の神宮寺としては聖神寺も存在した。聖神寺は、上社の禰宜「男床」の代の弘仁一一年（八二〇）に「神の御託宣に依」って造立されたとあり（『賀茂県主系図』）、承和四年（八三七）四月二五日、災異のため大般若経が二〇ヵ寺で転読されたが、その二〇ヵ寺の中に聖神寺の名がある（『続日本後紀』）。正徳元年（一七一一）に刊行された『山城名勝志』によると、聖神寺はもと「大門村」（北区紫竹大門町）にあったが、『山城名勝志』編纂時には「一の鳥居の西の方に在り」という。

岡本堂や聖神寺が建立された後、カモ神社ではしばしば大般若経が転読される（『続日本後紀』承和六年〈八三九〉五月一一日条、『文徳実録』斉衡三年〈八五六〉五月九日条ほか）など、神前読経が行われたという史料がある。一一、一二世紀にいたると、下・上社境内に神宮寺が造立されることとなったが、以上はその前史といえよう。

各地で神仏習合が進行する中、石清水八幡宮・北野天満宮・祇園《ぎおん》社などでは神社でも寺院でもない、新たなる形態として宮寺《みやでら》が登場するようになる。カモ神社の場合、宮寺と比べると、神仏習合の度合いはさして顕著ではなかったとみられる。カモ神社の神仏習合と宮寺との差異がどのようにして生じてきたのか、別に検討すべき課題であるが、いずれにしても、カモ神社の仏教関連施設は明治初年の廃仏棄釈ですべて破却され、今日、下社の境内にわずかな痕跡をとどめるにすぎないのである。

神　山

上カモ神社の神体山は神山（北区上賀茂）である。標高は三〇一メートル《メートル》、上社の北方約二・五キロに位置する。神山の名称のとおり、カムナビ型の神体山で、元慶八年（八八四）七月二九日太政官符によると「神山四至の内、……無頼の輩、愉《たの》しみに猪・鹿を射る」ことが「穢黷《えとく》」（ケガレ）を理由に禁止されている（『類聚三代格』一）。お椀をふせたような山容は美しく、上社の社務所辺からその姿を望むことができる。

神山は現在禁足地で、一般の人々の立ち入りが禁止されている。神山の山頂から少し下がったところの平坦部に、幅五メートル、縦二メートル、高さ二メートルほどの巨岩があるという。上社には社殿が設けられているが、その一方で神体山やイワクラといった古くからの信仰も息づいているといえよう。

カモ県主

『下カモ系図』

カモ神社を祭っていたのはカモ県主《あがたぬし》という氏族であった。カモの氏名は山城国愛宕《おたぎ》郡賀茂郷（北区上賀茂・下鴨一帯）の地名に由来する（佐伯有清『新撰姓氏録の研究』考証篇第三〈吉川弘文館、一九八二年〉）。県主とは本来、律令制以前の地方行政単位である県の首長を指すが、カモ県主の県主は姓で、その職名から転化したものとみられる。

カモ県主には古い系図が残っており、それによって、七、八世紀代の同氏の実態がかなり明らかになる。同系図に関しては井上光貞氏にすぐれた研究があり（「カモ県主の研究」〈『日本古代国家の研究』岩波書店、一九六五年〉）、以下では井上氏の研究に依拠しつつ、カモ県主について述べてみたいと思う。

カモ県主の系図には主なものとしてつぎの四種類がある。すなわち、A『賀茂神官鴨氏系図』、B『河合《かわい》神職鴨県主系図』（A・Bともに『続群書類従《ぞくぐんしょるいじゅう》』七、系図部所収）、C『賀茂御祖《みおや》皇太神宮禰宜《ねぎ》河合神職鴨県主系図』（内閣文庫蔵）、D『賀茂県主系図』（上社蔵）で、A〜Cは下社関係の系図（『下カモ系図』）、Dは上社の神職系図である。このうち、『下カモ系図』の平安初期以降の箇所については、Dに含まれる『下カモ系図』をそのまま写し取ったものであり、Dが最初にまとめられた鎌倉時代中期以後の成立とみられる。一方、『下カモ系図』の八世紀末以前と推定される部分には、とくにCに「子」「弟」の続柄記載があり、古系図の面影が残っていること、各人に付けられた注記にみえる冠位・位階・職掌・人名の構成が奈良時代前後のものとして矛盾がないこと、などの理由から、井上氏は、『下カモ系図』は八世紀末に原型が成立したとされ、Aを底本とし、B・Cとその異本を校合して『下カモ系図』を図10のごとく復元された（本書では考察に必要な箇所を中心に掲げている）。

『下カモ系図』からは七〜八世紀のカモ県主についてのさまざまな情報を読み取ることができる。その一つがカモ県主と律令官司との関係である。

カモ県主と律令官司

その点で、まず、指摘されるのは「大二目命」（「大伊乃伎命」の孫）の注記の「……又主殿《とのもり》寮・主水《もひとり》司に名負《なおい》と為して仕奉」と、「大山下」（大化五年〈六四九〉制定の冠位）をもつ①「久治良」の注記の「小治田《おはりだ》……岡本朝飛鳥板蓋朝《おかもとちょうあすかいたぶきちょう》　殿寮《とのもりりょう》」である（図10）。主殿寮（殿寮）とは律令制下では宮内省被管で、宮中の殿舎や行幸時の諸施設の維持・管理を担当する役所であり、そこには殿部《とのべ》という下級官人が四〇人配属されていた（養老職員令《しきいんりょう》）。カモ県主は日置《ひおき》・子部《こべ》・車持・笠取各氏とともに主殿寮の殿部に採用されるのがならいであった（『三代実録』元慶六年〈八八二〉一二月二五日条）。また、名負とは律令制以前から特定の職務に奉仕する伝統的氏族のことをいう。おそらくは、カモ県主は律令制以前から、名負氏として主殿寮（前身官司も含めて）に勤務していたのであろう。その際、同氏は主殿寮の職掌の中では、「松柴」（薪）・「炭燎《たんりょう》」（炭と庭火）を担当したものと推定されている。

カモ県主は主殿寮ばかりでなく、宮内省主水司とも深い関係をもっていた。『下カモ系図』の「黒日」の注記に「難波長浦朝に主水司水部仕奉」、⑤「吉備」に「奈良朝に主水

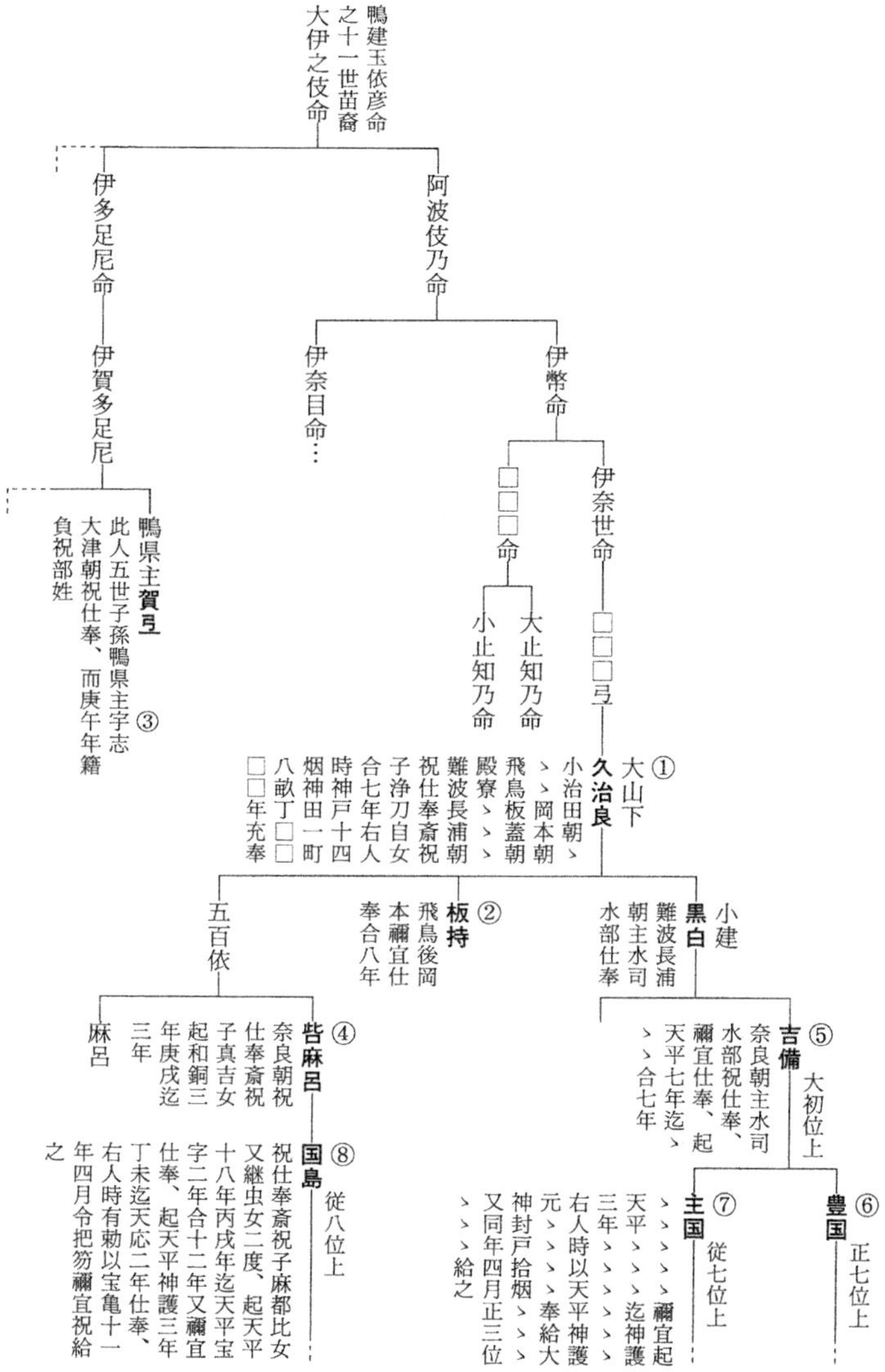
鴨建玉依彦命之十一世苗裔大伊之伎命
阿波伎乃命
伊多足尼命
伊賀多足尼
伊奈目命…
伊幣命
□□□命
伊奈世命
大止知乃命
小止知乃命
□□□弖
③鴨県主賀弖
此人五世子孫鴨県主宇志大津朝祝仕奉、而庚午年籍負祝部姓
①大山下久治良
小治田朝ゝゝゝ岡本朝飛鳥板蓋朝殿寮ゝゝゝ難波長浦朝祝仕奉斎祝子浄刀自女合七年右人時神戸十四烟神田一町八畝丁□□□□年充奉
小建黒白
難波長浦朝主水司水部仕奉
②板持
飛鳥後岡本禰宜仕奉合八年
五百依
⑤大初位上吉備
奈良朝主水司水部祝仕奉、起禰宜仕奉、起天平七年迄ゝゝゝ合七年
④皆麻呂
奈良朝祝仕奉斎祝子真吉女起和銅三年庚戌迄三年
麻呂
⑥正七位上豊国
⑦従七位上主国
ゝゝゝゝゝ禰宜起天平ゝゝゝゝ迄神護三年ゝゝゝゝゝ右人時以天平神護元ゝゝゝ奉給大神封戸拾烟ゝゝ又同年四月正三位ゝゝゝ給之
⑧従八位上国島
祝仕奉斎祝子麻都比女又継虫女二度、起天平十八年丙戌年迄天平宝字二年合十二年又禰宜仕奉、起天平神護三年丁未迄天応二年仕奉、右人時有勅以宝亀十一年四月令把笏禰宜祝給之

図10 『下カモ系図』（部分）

司水部」とあり、「大二目命」にも主水司の名負氏とあったことなどが注意される。養老職員令の規定では、主水司の職務として「樽水《そんすい》」（飲料水）・「饘《かたがゆ》、粥《しるがゆ》」（かゆ）・「氷室《ひむろ》」（天然氷を採取して保管する室）があがっており、伴部《ともべ》として「氷《もひとり》（水カ）部」四〇人が属した。

このようなカモ県主と律令制官司との関係は、平安時代に上社の北側の山間部に主殿寮の所領や主水司の氷室が所在していたことと密接に対応する。すなわち、カモ県主の一族には律令制以前から居住地の北側の山から薪・炭や氷室の氷を天皇に貢納する関係があり、それが律令制下にも継承されたのであろう。しかも、このような関係は『下カモ系図』にも反映していたのである。

禰宜・祝

『下カモ系図』にはカモ社の神職——八世紀中ごろまでは下・上社に分離する以前のカモ神社の神職、以後は下社の神職——として、八名の禰宜・祝《はふり》が登場する。禰宜・祝の注記にみえる年次は、斎祝子《さいご》の奉仕も含む禰宜・祝の奉仕期間とみられるが、井上氏は、禰宜職の継承として、②「板持」から約五〇年の空白期間を経て⑤「吉備」に至り、「吉備」が禰宜となった天平七年（七三五）以降は⑥「豊国」→⑦「主国」→⑧「国島」の順で年次に切れ目のない継承がなされたことを推定された。また、祝についても、①「久治良」→③「宇志」→④「呰麻呂」→⑤「吉備」→⑧「国島」の就任順がうかがえるが、この中でも「大津朝（六六二〜六七一年）」に祝であった③「宇志」と「和銅三年（七一〇）」から祝となった④「呰麻呂」との間、「天平七年」まで祝であった⑤「吉備」と「天平一八年（七四六）」からの⑧「国島」との間には祝在任の空白期間を想定せざるをえない。このような禰宜・祝職の継承に空白期間が見出されるということは、当時、系図の範囲以外からも神職が選任されていたためとみられる。しかも、右に示した禰宜・祝職の継承は父子・兄弟相承がなされていたわけではなかった。井上氏が指摘されたとおり、八世紀末まではカモ神社の神職の地位は一族内での傍系継承だったのであろう。

また、①「久治良」はかなりの長期間にわたって主殿寮殿部に勤務し、「大山下」（従六位相当）という位階を得、その後、祝に任じられていたことが留意される。④「吉備」の場合も同様で、主水司水部を勤め「大初位上」という位階をもっていた。「従八位上」をもつ⑧「国島」は注記に官人としての経歴は記されていないものの、平城宮跡出土木簡の中に「主殿寮御炬《ひたき》」にあたった奴婢の歴名《れきめい》の上に「車持□□」とともに「鴨国嶋」を記しているもの（『平城宮木簡』三―二八五〇）や、「車持祖麻呂」「鴨大人」とならんで「鴨国嶋」が記されているもの（同一―二八五一）があり、「国島」も祝になる前に主殿寮殿部として仕えていたことは間違いない。

律令官人は毎年の勤務評定が一定の年数（選限）に達すると、成選《じようせん》となり、新位階への昇進が決まる。その際、対象となる官人は選限によって四つに区分されていたが、主殿寮や主水司の伴部は四区分のうちの内分番《ないぶんばん》に含まれ、選限は大宝令制下では八年（大宝選任令）で、慶雲三年（七〇六）には六年に短縮されている（『続日本紀』慶雲三年二月一六日条）。すなわち、『下カモ系図』にみえる神職たちは、もともと主殿寮・主水司の伴部として勤務し、六年ないし八年ごとの位階の昇進機会に、中央ではけっして高いとはいえない位階を獲得し、そのうえでカモ神社の祝→禰宜というコースを歩んだものとみられる。彼らは「官人としての年功を積み、長老的存在となったところで祝に任じ」られたのであろう（義江明子『日本古代の祭祀と女性』吉川弘文館、一九九六年）。

斎祝子

『下カモ系図』には男性神職とならんで斎祝子という女性神職がみえる。①「久治良」の時の「浄刀自女《きよとじめ》」、④「呰麻呂」の時の「真吉女《まよしめ》」、⑧「国島」の時の「麻都比女《まつひめ》」と「継虫女《つぐむしめ》」の計四名で、いずれも祝の後に記されているので、祝とともに神事にあたった女性神職であったといえよう。

この斎祝子についても井上氏は注目され、斎祝子を「賀茂斎院の原初的形態」と位置づけて、平安初期にカモ神社に「斎院」が設置されると斎祝子を出す風習は止み、「斎院」が一三世紀初めに廃絶すると、斎祝子も復活したとされている。しかし、この指摘は妥当ではあるまい。というのも、斎王の設置期間中にも、カモ神社の女性神職者の存在が確認できるからである。『延喜式』六「斎院司」、同一三「中宮職」、同一五「内蔵寮」には「禰宜・祝・忌子《いご》」という神職者がみえ、また、一二世紀中ごろの『木工《もく》権頭為忠朝臣家百首』の中に「はふりこももろかつらして神山のみあれのすゝを引きならす哉」という歌があるが、忌子、はふりこは斎祝子の後裔であろう。ちなみに、忌子は近世の史料（延宝八年〈一六八〇〉成立の『賀茂注進雑記』）にもみえ、明治初年まで存続したという。現在でも上社の社殿の中に忌子殿の名称が残っている（図9、九六ページ）。いずれにしても、賀茂の斎王が置かれた期間中にもカモ神社の女性神職は存続していたのである。ただし、伴信友が『瀬見小河』において「かくて斎王を進らるゝ事となりぬる時より、斎《キ》と称ふ言を避て忌子と称へるなるべし」と指摘したように、斎祝子の呼称は斎王の「斎」を避けて忌子へと転化したことは認めておかねばならないだろう。

ところで、斎祝子の問題は最近、義江明子氏によって論が深められている。義江氏によると、享保五年（一七二〇）に成立した『鴨県主家伝』は神職者の系譜をまとめたものであるが、基本的には『下カモ系図』などに依拠しており、史料としてのオリジナリティはない。しかし、『鴨県主家伝』に「浄刀自女」が「久治良」の妻で「黒彦（日）」の母という関係や「舒明・皇極・考徳《ママ》・斉明・天智御宇、祝奉仕。合せて五年《ママ》」とあるのは『下カモ系図』とは異質な独自の史料に基づいているらしいとして、斎祝子が「〝生涯を神に捧げた処女〟では必ずしもなかった」と指摘された。

義江氏は、基層信仰についていわれることの多い「女の霊力」説を批判して、男女の性的結合による豊穣の祈りこそが本来の祭りと位置づけられている。その男女の祭りのあり方はカモ神社の祝—斎祝子の関係にも見出される。もっとも、カモ神社の神職の場合、男性神職者として祝の上位に禰宜がおり、しかも、彼らは冠位・位階をもち政治的地位にある長老的存在であったのに対し、女性神職者が純粋な祭祀者であり、男女が同等の関係にあったわけではない。その点では斎祝子が神秘的な霊力をもつ女性へと踏み出しつつあったといえよう（義江、前掲書）。

社家の町

カモ県主の一族は下社が分立する前までは上社の東南側一帯を中心に居住していたのであろう。この上賀茂の地に後世、社家《しゃけ》の町が形成された。

上社の境内から東方に向かって流れ出た明神《みょうじん》川の流れに沿って、東西約六五〇㍍、南北約三〇〇メートルの範囲に社家の町並みがみられる。川に架けられた小橋の向こうに土塀やりっぱな門構えをもつ家が四〇軒ほど残っており、風情のある景観を保っている。一般に公開されているのは西村家別邸だけだが、明神川の水を引きいれて作られた庭園が美しい。

上賀茂社家の町の様子が史料の上で具体的に判明するのは室町時代からであるらしい。近世の上賀茂村については、延宝八年（一六八〇）には社家が二七四軒あったとある（『日《ひ》次記《なみき》』延宝八年二月二九日条〈『賀茂別雷神社文書』〉）。

しかしながら、現在の社家の町からカモ神社の神職が出ていないことも事実である。社家の町の住民はサラリーマンなど、別の職業に就いており、カモ神社の神職は神社本庁から任命された神職が勤めている。したがって、社家の町は名ばかりで町並みだけが保存されているといえよう。このような社家の町の変貌は、一八七一年（明治四）五月一四日、「神社ノ儀ハ国家ノ宗祀ニテ一人一家ノ私有ニスヘキ非《あら》サルハ勿論ノ事ニ候……」という太政官布告によって、神官の世襲が禁止されたことが直接的な契機であった。

平安時代の賀茂祭

賀茂祭のはじまり

賀茂祭の開始時期

本書のプロローグで述べたように、賀茂祭は天皇が勅使や斎王をカモ神社に派遣して実施する王権の祭りであった。ここでは、最初に、賀茂祭がいつごろからはじまったかという問題を検討しよう。賀茂祭の開始を示す史料についてては以下のものがある。

(1)『類聚《るいじゅう》国史』五、弘仁一〇年（八一九）三月一六日条に賀茂祭を「中祀《ちゅうし》に准ずる」とあること、(2)『内裏《だいり》儀式』に賀茂祭の規定（「賀茂祭日警固《けいご》式」）があること、(3)『類聚国史』一〇七、弘仁九年正月二一日条に「始めて斎院司《さいいんじ》を置く」とあること、(4)『本朝《ほんちょう》月令《げつれい》』所引の「或記」に延暦一二年（七九三）の出来事として「北野山中」に行幸した桓《かん》武《む》天皇が「大火に遭ひ給ふ。祈り申す。始めて鴨上下両神の大祭の事を奉ず。供奉《ぐぶ》の諸司を率ゐ、幷に斎内親王《さいないしんのう》を奉る」とあること（『年中行事秘抄』『年中行事抄』にもほぼ同文がみえる）、(5)『一代要略』『皇年代略記』に大同元年（八〇六）開始説が見えることがあげられる。

このうち、(1)にみえる中祀とは、律令国家が「斎《さい》」（祭り前の物忌）の期間により、国家が行う祭りを「大祀・中祀・小祀」に区分していた（養老神祇令）中の中祀にあたる。賀茂祭を「中祀に准ずる」というのであるから、弘仁一〇年には、賀茂祭が国家的祭祀の対象になっていたことは疑いない。

(2)の『内裏儀式』は弘仁九年以前に成立したといわれている公的な儀式書である。そこに賀茂祭儀の一部が規定されていたことは賀茂祭のはじまりが弘仁九年以前に溯ることを意味しよう。

(3)は賀茂祭の開始を記しているわけではないが、賀茂祭には斎王が参加しており、その斎王のための付属官司が斎院司であったので、斎院司の設置は間接的に賀茂祭の実施を裏付けよう。(1)〜(3)はいずれも信用できる史料に基づくものであり、ここから賀茂祭が九世紀前半に実施されていたことがうかがえる。

(4)は引用箇所に脱文があるらしく、そのため文意を正確に取り難いが、延暦一二年、桓武天皇の危急をカモ神が救ったことがあり、それにより賀茂祭がはじまったという説であるらしい。この伝承は六国史にみえず、どこまで信用できるか、はっきりしない。その点では(5)の説も同様であろう。ただし、一般的に神社や祭りの起源伝承は神社側が古く溯らせることがあるという原則を念頭に置くと、賀茂祭の開始も八世紀末以前に溯ることはありえないといえようか。

カモ神社と松尾神社

つぎに賀茂祭の目的（祈願）という観点から、賀茂祭の開始年代を考えてみたい。賀茂祭において、その対象が下・上カモ神社であったことはいうまでもない。しかし、それと同時に、賀茂祭の当日、松尾神社の禰宜《ねぎ》・祝《はふり》に対して幣帛《へいはく》（神意をなぐさめるために神に供える品物）が授けられていたこと（『儀式』一）に注意したい。

松尾神社は『延喜式』神名帳にも載る古社で、現在も桂川の西岸に鎮座している。同社の背後には松尾山（標高二二三メートル）という神体山があり、山頂付近には御神蹟と称するイワクラが現存するという。この松尾神社とカモ神社はセットとして賀茂祭が執行されるという関係にあった。ただし、賀茂祭においては、カモ神社に対しては勅使が幣帛を奉納するのに対して、松尾神社の方は神職が宮中（内蔵《くら》寮）に幣帛を受け取りに来るという点で、カモ神社が中心的な位置を占めていたことも確かである。

ところで、カモ・松尾両社がセットで扱われたことは、つぎの史料からもうかがえる。

嵯峨隠君子算道命期勘文《さがいんくんしさんどうめいきかもん》。これを追検するに仁和《にんな》の比《ころ》、此の勘文有り平安宮を改めべからざるの由、所見有り。貞観の比、大極殿の炎上により、時の人、遷都有るべきの由、謳歌す。まさに是、古昔の例にして、大途、八十年を経て遷都有り。延暦已後《いご》、八十年に及ぶ。疑ふらくは其の期至るかと云々。隠君子、これを聞きて云く、桓武聖主、此の地を久しく帝都と為すべきの故を鑑《かんが》み、新たに営み給ふ所なり。東に厳神賀茂を謂ふ有り。西に猛霊松尾を謂ふ有り。南に開き北を塞ぐ。又、地宜、帝都と為すべきに足るを見、永代、変易すべからざるの趣、具に勘録せられ了んぬ。（『玉葉《ぎょくよう》』治承四年〈一一八〇〉八月四日条）

右の史料は九条兼実《くじょうかねざね》の日記、『玉葉』に引用されたもので、「嵯峨隠君子」については、伴信友は、嵯峨天皇の皇子源信（八一〇～八六八）の兄、淳王に比定している（『瀬見小河』）。「仁和の比」（八八五～八八九年）」の「算道命期勘文」には、「貞観の比、大極殿の炎上」（貞観一八年〈八七六〉四月一〇日の大極殿の火災を指す〈『三代実録』〉）の際、「時の人」が八〇年ごとの遷都の例をあげて、貞観一八年当時、「延暦已後」八〇年を経過したので、遷都の時期が到来したと指摘した。それに対して、「隠君子」は桓武天皇が平安京を久しく都として定めたのであって、東にカモ神が、西に松尾神があり、遷都すべきではないと述べたとある。

つづいて吉田経房《つねふさ》の日記、『吉記《きっき》』寿永二年（一一八三）六月六日条所引「或古記」を取り上げる。

平安京は百王不易の都なり。東に厳神有り。西に猛霊を仰ぐ。厳神は賀茂大神、猛霊は松尾霊社、是なり。二神の鎮護によりて、万代の平安を期す。

この史料も「嵯峨隠君子算道命期勘文」と同趣の内容で、カモ・松尾の神は平安京の守護神と位置づけられていたことが知られよう。

さらに、賀茂祭において、勅使がカモ神社の神前で読む「宣命《せんみよう》」（祝詞）があるが、その中に「……太神の助け給ひ、護り賜ふに依りて、天皇朝廷は平く大座て、食国《おすくに》の天下、事無く有るべしと為てなむ……」（『朝野群載《ちようやぐんさい》』一二）という祈願詞が含まれている。これもカモ神への皇城鎮護の祈願を意味しよう。要するに、カモ・松尾の神は京の守護神であり、賀茂祭とは、天皇の側が皇城鎮護を祈る祭りであると位置づけることができるだろう。

遷都とカモ・松尾神社

賀茂祭の開始に関しては、カモ・松尾両社が長岡・平安京遷都を契機に国家の側から優遇措置を受けるようになったことが注目される。

(1)参議近衛中将正四位上紀朝臣船守《きのあそんふなもり》を賀茂大神社に遣して幣を奉らしむ。遷都の由を告ぐるを以てなり。(『続日本紀』延暦三年〈七八四〉六月一三日条)

(2)近衛中将正四位上紀朝臣船守を遣して、賀茂の上下二社を従二位に叙せしむ。また、兵部大輔従五位上大中臣朝臣諸魚《おおなかとみのあそんもろうお》を遣して、松尾・乙訓《おとくに》の二神を従五位下に叙せしむ。遷都するを以てなり。(『続日本紀』延暦三年一一月二〇日条)

(3)使を遣して、賀茂の上下二社と松尾・乙訓の社とを修理らしむ。(『続日本紀』延暦三年一一月二八日条)

(4)詔して、賀茂の上下の神社に愛宕《おたぎ》郡の封各十戸を充てたまふ。(『続日本紀』延暦四年〈七八五〉一一月庚子条)

(5)参議治部卿壱志濃王《いちしのおう》等を遣して、遷都を賀茂大神に告げしむ。(『日本紀略』延暦一二年〈七九三〉二月二日条)

(6)鴨、松尾神に加階す。近郡を以てなり。(『日本紀略』延暦一三年一〇月二八日条)

(7)賀茂《かも》御祖神《みおやのかみ》、別雷神《わけいかずちのかみ》、並びに正一位を授け奉る。(『日本紀略』大同二年〈八〇七〉

五月三日条）

両社の神階についてみると、長岡京遷都（延暦三年一一月）の直前に、(1)カモ神社は「遷都」により従二位、松尾神社は従五位下に叙せられ、平安京遷都と同日に、(6)両社は「近郡」を理由に「加階」され、さらに、(7)カモ神社の方は大同二年に正一位まで昇叙した。しかも、国家の側からの優遇策は神階の上昇に止まるわけではなかった。延暦三年以降、(2)カモ神社に「遷都の由を告ぐる」奉幣、(3)カモ・松尾神社の「修理」とあり、(4)カモ神社への封戸を充てる、(5)遣使して「遷都」を告げるという事実が続く。

なお、カモ・松尾神社と並んで叙位、修理の対象となった、(2)(3)の乙訓神社とは、別雷命の父神にあたる「丹塗矢《にぬりや》」、すなわち「乙訓の郡に坐せる火雷命《ほのいかずち》」（『山城国風土記』逸文）を祭る神社であった。同社はカモ神社と関係も深かったとみられ、山城国遷都を機にカモ神社とともに国家から優遇されるようになったのであろう。

このようにカモ神社という一地方神社が国家から優遇されるようになる中、カモ神社には皇女が斎王として派遣されるようになる。第一代目の斎王は嵯峨《さが》天皇の皇女、有智子《うちこ》内親王（八〇七〜八四七）で、斎王制の開始を『一代要記』などは弘仁元年（八一〇）とする。もっとも、『一代要記』は中世にまとめられた史料であり、弘仁元年説がどこまで信用してよいか、はっきりしないが、弘仁九年には斎院司が設置されている（『類聚国史』〈前掲〉）ので、遅くとも弘仁九年までには斎王の制もはじまっていたとみられよう。そもそも、斎王が置かれたのは伊勢神宮とカモ神社だけであった。このことはカモ神社が当時、国家から破格の待遇を受けていた証左となるだろう。

以上のように、山城国への遷都の時期に、カモ・松尾神社の国家的地位が上昇していったことが認められよう。それは両社が皇城鎮護の役割を担うようになった結果であった。したがって、賀茂祭が皇城鎮護を祈願する王権の祭りとしてはじまった時期も遷都が行われた八世紀後半から九世紀前半とみなすことが可能であろう。

『下カモ系図』の再検討

賀茂祭の開始時期や目的についての考察は右に述べたところに尽きるが、この問題に関連して、奈良時代後半のカモ神社について、先ほどの『下カモ系図』に見える二つの注記を手がかりに論を補っておきたい。あらためて、『下カモ系図』をご覧いただきたい（図10、一〇五ページ）。注目したいのは⑦「主国」の注記である。その後半部分を引用しよう。

右の人の時、天平神護元……大神に封《ふ》戸拾烟《こじゆうえん》を給はり奉る。……又、同年四月、正三位……給はる。

『下カモ系図』の個人ごとの注記は、はじめに官人や神職（斎祝子も含む）としての経歴を記し、その後に「右の人の時」として神社や祭神に関する特記事項とでもいうべき事柄を書くという原則が認められる。それは「右の人の時」が⑦「主国」以外に、①「久治良」（「古人時」とあるが、「古」は「右」の誤りであろう）、⑧「国島」の注記にも見られ、どちらも特記事項が「右の人の時」以下に記されているからである。そこで、この原則を踏まえたうえで、⑦「主国」の注記を見直すと、「天平神護元」（七六五）の封戸に関する記載の後に、「同年四月、正三位……給はる」という一文があることに留意される。この「正三位」という位階は、注記の書き方の原則からしても、また、『下カモ系図』に記された人物の位階が六〜八位程度であることからも、「主国」が叙せられた位階とはとうてい考えられない。とすれば、この「正三位」はカモ神社の神階とみるべきであろう。注記に判読できない箇所があるので、正確さは期し難いが、おそらくは天平神護元年四月に下社は「正三位」という神階を授かっていたのである。下社が「正三位」であれば、上社の神階も同様とみてよいだろう。しかも、このことは、先に述べたとおり、延暦三年に下・上社が従二位に叙せられていたのと、神階上、矛盾なくつながるのである。

従来、『下カモ系図』の⑦「主国」の注記に見える「正三位」を神階と正しく指摘した学説はなかったと思う。私はそれを神階と判断し、山城遷都以前に、すでにカモ神社は高い神階を得ていたことに注目したいのである。

つぎは⑧「国島」の注記である。これも必要な箇所のみ抜き書きする。

右の人の時、勅有りて、宝亀十一年四月を以て、笏《しゃく》を把《と》らしめ、禰宜・祝に給はる。

右はやや落ち着きの悪い読み方であるが、宝亀一一年（七八〇）四月に、勅によりカモ神社の禰宜・祝は笏（官人が儀式などで威儀を正すために手に持った細長い板）を給わったということであろう。これと同じ記事が『続日本紀』天応元年（七八一）四月二〇日条にあるが、『下カモ系図』と年次が一年相違する。両者のうち、どちらが正しいのか、という問題が残るが、把笏対象者がしだいに拡大していく中、カモ神社の神職の把笏が承認されたのは時代的に非常に早い方に属する。カモ神社への優遇措置は、この点でも山城遷都以前の八世紀後半に溯るのである。

カモ神社は七世紀末から八世紀中ごろには、律令国家と厳しい対立関係にあった。八世紀中ごろには国家によって下社が分立せしめられたのがその典型的な例といえよう。両者の対立・緊張の図式は後の時代にも継承されたと思われるが、その一方で、八世紀後半から、国家はカモ神社に対して、封戸を与えたり、「正三位」の神階を授与したり、また、神職の把笏を認めるといった優遇措置をつぎつぎと実施していった。このような措置は山城国内のほかの神社には見られないことからも、山城国内でのカモ神社の地位が飛躍的に高められていったはずである。長岡・平安京遷都によって、国家は新たに賀茂祭のような皇城鎮護の祭りをはじめるが、その祭りがカモ神社を中心とするものであったことについては右に述べたような理由が想定されるのであろう。

賀茂祭の構成

賀茂祭の史料

古代の賀茂祭を記録した史料は少なくない。『続日本後紀』以下の正史をはじめ、『延喜式』、儀式書、貴族の日記がその代表的なものである。

このうち、賀茂祭の祭儀次第は儀式書に詳しい。儀式書としては貞観一五年（八七三）から同一九年ころにまとめられたと推定されている『儀式』があり、一〇世紀以降になると、代表的な私撰の儀式書として、源高明（九一四〜九八二）著の『西宮記《さいきゅうき》』、藤原公任《きんとう》（九六六〜一〇四一）著の『北山抄《ほくざんしょう》』、大江匡房《まさふさ》（一〇四一〜一一一一）著の『江家次第《ごうけしだい》』などが著わされた。

そもそも、儀式は貴族にとってもっとも重要な日常政務であり、儀式の作法は先例に則って行われたため、儀式書は貴族の行動規範を示す書として編纂された。貴族の日記も儀式を正確に記録し、後世に伝えるという機能をもつという点では儀式書と共通するところがあった。したがって、儀式書や日記には賀茂祭の詳細な記述が見られるのであって、両者は賀茂祭を知る基本史料といえる。

本書では、右の諸史料のうち、成立が九世紀後半に遡る『儀式』一（「賀茂祭警固儀」「賀茂祭儀」）を中心に見ていく。『儀式』が儀式書の中で、賀茂祭の古い姿をまとまった形で記しているからである。その際、『延喜式』、儀式書、貴族の日記も参照しつつ、平安時代の賀茂祭を検討していきたいと思う。

賀茂祭日

『儀式』によると、賀茂祭の日程はおおよそ以下のとおりであった。賀茂祭は毎年、四月中酉《とり》日で、当日、勅使や斎王が行列を整えてカモ神社に向かうのである。中酉日の数日前に、斎王の御禊《ごけい》があり、中未《ひつじ》日には警固の儀がなされた。中酉日の翌日の中戌《いぬ》日には解陣《げじん》の儀があり、これで賀茂祭は終わる。

右に示した賀茂祭の日程は古代・中世の例に即してみても認められるところであり、また、時代の変化の中でも変わることがなかった。なお、『儀式』には「四月中酉。若し三酉有らば、則ち中酉を用ふ。二酉有らば、則ち下酉を用ふ」とあるように、時には下酉日も祭日当日となった。しかしながら、中・下酉日を逐一併記して論ずるのは煩雑に過ぎるので、本書では祭日を中酉日に統一して示すことにした（他の御禊日なども同じ）。

賀茂祭に先立って、斎王の御禊がなされた。禊というのは水によって身を清めて罪やケガレを取り除くことをいう。

斎王の御禊

御禊当日、斎王は平安京の北郊、紫野《むらさきの》の斎院（御所）を牛車に乗って出発、一条大路を東行してカモ川の河原で禊を行った。斎王御禊の二四〇名ほどの行列が華やかであり、一条大路にしつらえられた桟敷で見物する貴族たちの姿についてはプロローグでも触れたところであるので、ここでは繰り返さない。

斎王が御所を出立し、御禊を行う時刻については儀式書に具体的に記したものはないが、貴族の日記からすると、おおむね日没ごろであったことがわかる。一例をあげると、『左経記』万寿二年（一〇二五）四月一九日条に「申剋《さるのこく》に臨みて出御す。酉剋《とりのこく》に及んで御禊の幄《あく》に御す」とあり、斎王がカモ川の御禊の幄（テントの一種）に入御したのは酉剋（午後六時）のことであった。したがって、斎王の御所への還御は夜になった（『左経記』長元元年〈一〇二八〉四月一七日条）。

なお、この儀の日取りは『儀式』『延喜式』六「斎院司」に「吉日」とあり、一定の日が決まっていないが、一〇世紀に入ると、延喜五年（九〇五）例を史料上の初見（『西宮記』臨時五〈裏書〉）として午日《うまのひ》に固定化していくようである。

斎　院

カモの斎王は、天皇即位時に未婚の皇女が卜定《ぼくてい》されて、平安宮内の初斎院で二年間の潔斎の後、紫野に所在した斎院に入った。斎王は四月の賀茂祭の際にカモ神社に参拝する以外は、退下するまで斎院内で居住したが、斎院内の暮らしとしては都の郊外ということもあって来訪者も多く、しかも、歌才に恵まれた斎王が輩出したこともあり、斎院内では文芸サロンが形成された例も少なくない。

斎院は、カモ斎王が一三世紀初頭に廃絶した後、その所在地が不明となり、江戸時代の地誌などにも斎院の所在を記したものがない。そうした中で、角田文衛氏は諸史料を検討されて、斎院を大宮末路（現在の大宮通）の西、廬山寺《ろざんじ》通の北側の地に比定された（「紫野斎院の所在地」〈『角田文衛著作集』四、法蔵館、一九八四年〉）。

角田氏の論文をたよりに、私がはじめて斎院跡を訪れたのは一九九七年（平成九）二月のことであった。斎院跡といっても、櫟谷七野《いちいだになの》神社（上京区社横町《やしろよこ》）が唯一の目印である。七野神社の「七」は斎院で祭られていた七神のこと、「野」は野宮《ののみや》の意であろう。小雪の舞う寒空のもと、探しあぐねた末、ようやくたどり着いた七野神社は密集した人家や駐車場の中にあった。荒廃した神社の姿に啞然《あぜん》とさせられたが、この時の印象は今も忘れられない。往事の斎院の面影はまったくなく、「社」の付く地名――七野神社のある社横町の東側に竪社《たてやしろ》南半町《みなみはん》、南側に東社町と中社町、西側に竪社北半町と社《やしろ》突抜町《つきぬけ》――が斎院のかすかな痕跡を伝えているだけといえようか。

なお、私が七野神社を再び訪れたのは二〇〇〇年五月であった。同神社および周辺の光景は三年前とすこしも変わっていなかったが、六月下旬には斎院の保存会が設立されるという（京都新聞ホームページ）。今後、発掘調査などによって斎院の実態が明らかになるよう期待したい。

賀茂祭前の御禊の際には、斎王はこの紫野斎院から大宮末路を南下し、一条大路に出、東行してカモ川に向かったはずである。

警固儀　中未日ないしは中申日には警固儀が行われる。『儀式』の「賀茂祭警固儀」によると、大臣が六衛府佐《すけ》以上各一人を内裏《だいり》の紫宸殿《ししんでん》庭に召して、大臣が「賀茂の祀《まつり》を為さむと欲するが故に、常の如く固め衛《まも》り奉れ」と命ずるというものであった。この儀は九世紀代では申日に施行されることが圧倒的に多く、末日の実施はむしろ例外的であったが、一〇世紀前半以降になると、末日の例が多く、やがて末日が式日とされるようになる（『小右記』寛弘二年〈一〇〇五〉四月一八日条）。

ところで、この儀で問題になるのは、衛府がどこを警固したのかという点であろう。『儀式』には警固の場所が記されていないが、つぎの史料から警固の具体的な場所がわかる。

其の日、宮門・閤門《こうもん》に仗を立てて守衛す。（『本朝月令』所引『弘仁式』逸文）

左近は小庭に陣す。右近は射場に陣す。諸衛は各門に平張《ひらばり》を立つ。（『西宮記』恒例第二）

諸衛は警固の幄を立つ左近は小庭に陣す。右近は弓《ゆ》場殿《ばどの》の南庭。外衛は各門の前。（『江家次第』六）

以上の三史料からすると、左近衛府は紫宸殿と宜陽殿《ぎようでん》の中間の小庭、右近衛府は紫宸殿と校書殿《きようしよでん》の間の弓場殿、以外の諸衛府は宮門（建礼門などの、内裏外郭の門）と閤門（承明門などの、内裏内郭の門）をそれぞれ警備したことがわかる。すなわち、諸衛府が警固したのは内裏そのものといってよい。しかも、内裏警固は賀茂祭が終了する翌戌日の解陣儀まで続いた。これは賀茂祭の執行主体が天皇であったことの一つの表われといえよう。

では、この警固は何のために行われたのであろうか。これについては、『三代実録』元慶六年（八八二）四月二四日条に「祭事（賀茂祭の事）を停むと雖《いえど》も、猶《なお》、警陣有り。例

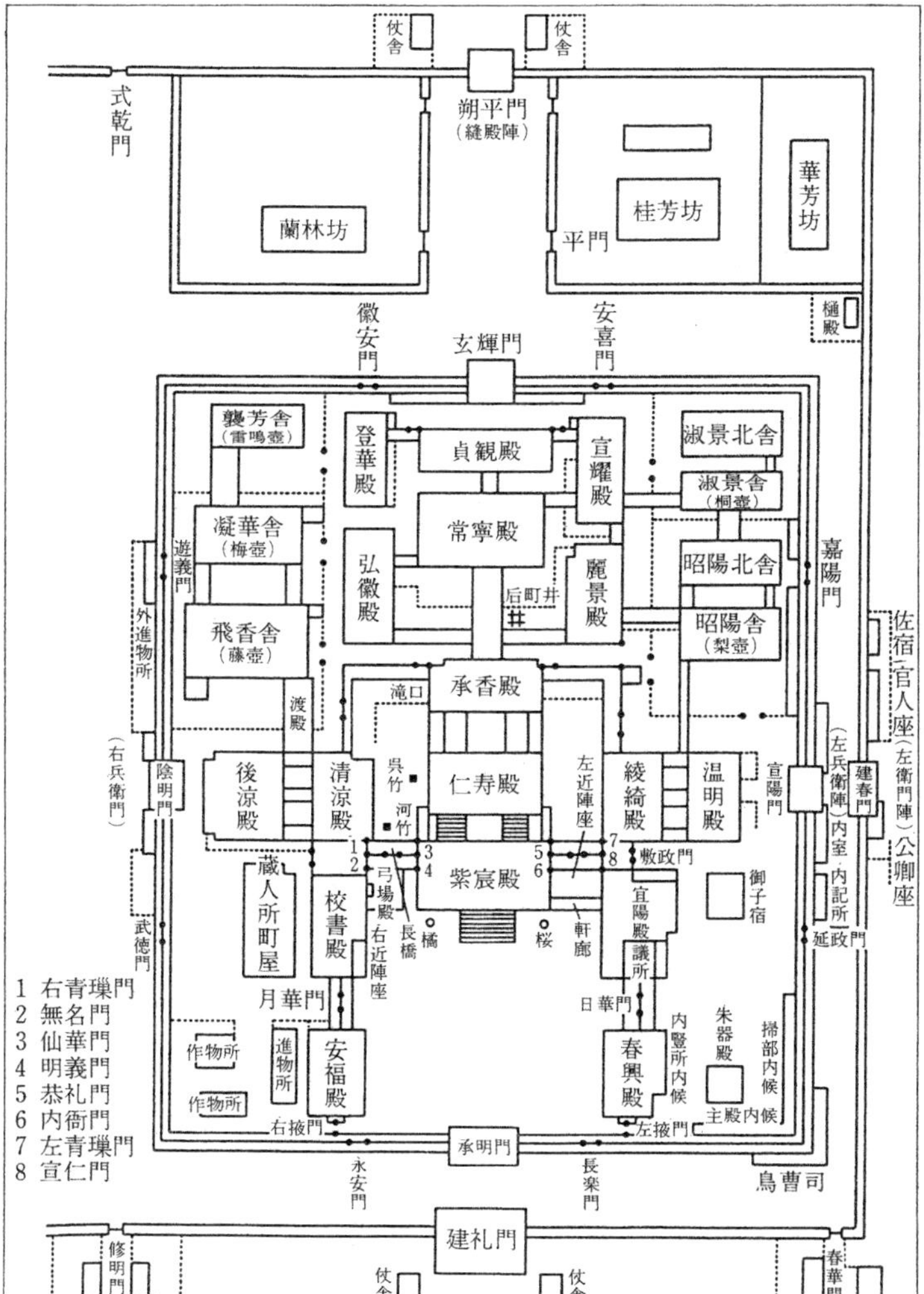
仗舎
仗舎
式乾門
朔平門
（縫殿陣）
蘭林坊
桂芳坊
華芳坊
平門
樋殿
徽安門
玄輝門
安喜門
襲芳舎
（雷鳴壺）
登華殿
貞観殿
宣耀殿
淑景北舎
淑景舎
（桐壺）
凝華舎
（梅壺）
常寧殿
遊義門
弘徽殿
麗景殿
昭陽北舎
嘉陽門
后町井
外進物所
飛香舎
（藤壺）
昭陽舎
（梨壺）
佐宿官人座
承香殿
滝口
渡殿
（右兵衛門）
陰明門
後涼殿
清涼殿
呉竹
河竹
仁寿殿
左近陣座
綾綺殿
温明殿
宣陽門
（左兵衛陣）
建春門
（左衛門陣）
公卿座
内室
内記所
敷政門
紫宸殿
蔵人所町屋
校書殿
弓場殿
長橋
橘
桜
軒廊
宜陽殿
御子宿
延政門
武徳門
右近陣座
議所
1 右青瑣門
2 無名門
3 仙華門
4 明義門
5 恭礼門
6 内御門
7 左青瑣門
8 宣仁門
月華門
日華門
内豎所内候
朱器殿
掃部内候
作物所
進物所
安福殿
春興殿
作物所
主殿内候
右掖門
承明門
左掖門
永安門
長楽門
鳥曹司
建礼門
修明門
仗舎
仗舎
春華門

図11　平安宮内裏図

なり」、『北山抄』六に「祭停止の時、猶、警固有り。是《これ》、国祭《こくさい》有るに依るなり」、『江家次第』六に「祭停止の年と雖も、猶、警固有り、国祭有るに依るなり」とあった。賀茂祭が停止された年でも、国祭に備えて警固（儀）だけは実施するというのであるから、国祭に対する警固であったことが知られる。とすると、国祭とは何か、この点に関しては後にあらためて言及することとしたい。

宮中の儀

中酉日は賀茂祭当日である。この日の祭儀は宮中の儀→路頭の儀→社頭の儀の順で進行していく。『儀式』によりながら、宮中の儀からみていきたい。

祭日、卯四刻、奉幣使等、内侍《ないし》に就きて社に参ゐる状を奏す。

宮中の儀の最初は、「卯四刻」（午前六時半）に「奉幣使」（内蔵使）が紫宸殿で内侍にカモ神「社に参ゐる状を奏す」儀である。『儀式』には社参奏上の後のことは記されていないが、『延喜式』一五「内蔵寮」には内蔵使に宣命（祝詞）を給わるという規定が見える。

皇帝、使等の乗馬を覧ず。各、従者有り。訖《おわ》りて禄を賜はること各、差有り。

天皇が紫宸殿に出御して、賀茂祭に加わる内蔵使・近衛使らの飾馬を見る儀である。この儀については『西宮記』恒例第二に「主人、渡らず」、『小野宮年中行事』に「唯、走《はしり》孺《わら》弁《わ》に手振《てぶり》等有り」とあるので、諸使の乗馬だけが天皇の御覧の対象となったことがわかる。

　先に掲げた社参の奏上や天皇の乗馬御覧は、当初、紫宸殿が儀場であった。しかし、後には、その儀は清涼殿《せいりょうでん》で実施されるようになる。たとえば、清涼殿東庭における天皇の乗馬御覧は儀式書では『新儀式』が初見である。『新儀式』の成立は応和三年（九六三）から康保四年（九六七）の間といわれているので、儀場の変化も一〇世紀後半ころに生じた変化と見られる。この変化は、平安前期において、天皇は紫宸殿を日常政務の場、仁《じ》寿殿《じゅうでん》をプライベートの場としていたが、一〇世紀以降になると、清涼殿が日常政務兼プライベートの場となった（古瀬奈津子「平安時代の『儀式』と天皇」〈『日本古代王権と儀式』吉川弘文館、一九九八年〉）ことと対応しよう。この点からも、賀茂祭と天皇との密接不可分の関係がうかがえる。

　さて、再び、『儀式』の賀茂祭儀を順に従い追ってみよう。

内侍已下《いか》、使等と共に内蔵寮に向ふ。庁事の前に於て解除す。松尾社の幣を以て、便《すなわ》ち、禰宜・祝等に付す。即ち、使等、両段再拝し、各、座に就く。……内蔵寮《くらりょう》、饌《せん》を供へ酒を行ふ。

諸使は内裏の西北方にあった内蔵寮に集まり、「解除《かいじょ》」（ハラエ）をする。内蔵寮では松尾神社の幣帛が禰宜・祝に授けられ、また、諸使の「両段再拝」の後、酒食が振る舞われた。賀茂祭では松尾神社に対しても幣帛が供えられるということは、前記したとおり、カモ・松尾両社がともに皇城鎮護の役割を担っていたからであった。

路頭の儀

以上の儀が終わると、諸使は宮中を発向する（路頭の儀）。弘仁一二年（八二一）に撰上され、天長一〇年（八三三）に一部修定された『内裏式』中巻によると、出発時刻は「巳三刻」（午前一〇時）であった。他の儀式書などには具体的な時刻の記述を見ないが、当該儀の直前に行われたはずの、内蔵使が内侍に社参を奏上する儀については、『内裏式』『延喜式』一五「内蔵寮」などがいずれも「巳一刻」（午前九時）としている。『儀式』だけが「卯四刻」（午前六時半）としていささか異なる時刻を記しているが、いずれにせよ、おそくとも、「巳三刻」までに諸使は宮中を発向したものとみて差し支えないだろう。

内蔵寮を出発した勅使一行は、一条大路の列見《れけん》の辻で斎王の行列と合流し、行列を整えてカモ神社に向かった。この四二〇人ほどの行列（『延喜儀式』では八五〇名とし、行列の規模も大きくなる）も華麗なものであり、見物人も多かったことは斎王の御禊の時と同じであった。

ところで、後に述べるように、一行は下社・上社の順で参拝する。『内裏式』に「其の夕、使等、内侍に就きて、祀る状を執り申す或る時は明日、これを申す」とあるので、酉日の夕方には賀茂祭は終了していたはずである。しかしながら、貴族の日記に見る賀茂祭の時間帯は右とは大いに相違していたようである。斎王の行列が一条大路を進む時刻を見ると、「申の終はり許、斎王、渡り給ふ。次々の事、已に黄昏《たそがれ》に及ぶ」（『小右記』寛弘二年〈一〇〇五〉四月二〇日条）、「申剋許、斎王、度り給ふ。御後の次第、頗る遅々の間、日漸く没せんとす」（『小右記』長和元年〈一〇一二〉四月二四日条）とある如く、申刻（午後四時）とするものが非常に多い。しかも、これも申刻よりもさらに遅れて、『小右記』天元五年（九八二）四月二四日条のように「酉時許、一条大路を渡る」という例もあった。このような祭の遅延は貴族の祭列見物にも支障が生じたようで、『中右記』嘉承二年（一一〇七）四月一七日条には「典侍《てんじ》、命婦《みょうぶ》、蔵人《くろうど》等の車、見えず。暗きに臨むに依るなり」とあった。したがって、社頭での儀を終えた斎王が上社の神館《かんだち》に到着するのが、「深更（真夜中の意）」（『左経記』万寿二年〈一〇二五〉四月二二日条）、「鶏鳴（午前二時）」（『永昌記』嘉承元年四月二四日条）などという記録が残ることになったわけである。

こうした遅れが起こった原因としては、「終日。雨下る。秉燭《へいしょく》。斎王、社頭に参ゐる。供奉の諸司、河水を渡るを得ず」（『日本紀略』天慶二年〈九三九〉四月一四日条）とあるように、カモ川には橋脚のある橋がなく、水上にならべた船や筏《いかだ》の上に板をわたした浮橋《うきはし》しか架かっていなかったため、いったん増水した際には渡るのが困難を極めたこと、「今朝より、御心地、不例《ふれい》と云々。度々、御祓有り」（『左経記』長元四年〈一〇三一〉四月二〇日条）とあるように、斎王の病気の例などが指摘できる。もっとも、このような原因は諸書に逐一記されているわけではない。むしろ、祭りの進行の遅延はいわば〝慢性化〟していたように察せられるのである。

昼間の祭り

右に述べた通り、賀茂祭の路頭・社頭の儀は夕刻から夜にかけて行われていたが、それは一〇世紀後半以後の貴族の日記からそのように知られたにすぎず、賀茂祭の遅延とみられるが、これははやくも九世紀代からはじまっていたのではないだろうか。というのも、前に引用した『内裏式』文の割注に「或る時は明日、これを申す」として内侍への祭終了の報告が「明日」（翌戌日）になるケースもあったとあること、『延喜式』六「斎院司」に「凡《およ》そ、斎王、上下両社の祭に参ゐる日、夜に入らば、山城国、松明《たいまつ》を儲《もう》けよ。……」として、賀茂祭が夜に行われるような場合には山城国司が松明を準備することと規定されていたからである。しかしながら、元来は『内裏式』のように勅使が巳三刻に内裏を発向し、夕刻には上社での祭儀も終わっていたのではないかということである。諸般の事情から、このタイムスケジュールは遵守されなくなってしまったが、それはけっして本来的なことではなかったと思うのである。

斎王・勅使らの一行が社頭に向かうのが昼間の儀として行われていたことには二つの意味があろう。その第一は、斎王の御禊の行列についても同じことがいえようが、賀茂祭の挙行を京内外の人々に強く印象づける機能があったと推定される点である。とくに賀茂祭の開始を告げる祭列は新たに賀茂祭を催す国家の存在を誇示する役割を果たしていたはずである。そのために賀茂祭は昼間に行わなければならなかったのであろう。

第二は、柳田国男氏も指摘されているように、古くからの祭りは真夜中に実施されるものが多かったという点である（『日本の祭』〈『定本柳田国男集』一〇、筑摩書房、一九六九年〉）。夜は百鬼夜行《ひやっきやこう》の言葉からも分かるように、神、鬼といった異類異形のものが活躍する時間であった。『日本書紀』崇神一〇年九月九日条には、ヤマトトトビモモソヒメが葬られた「箸墓」について「是の墓は、日は人作り、夜は神作る」とあるのも、夜に神が活動すると観念されていた証拠になろう。とすれば、昼間の賀茂祭は本来の神祭りとは異質な時間帯で行われていたことになる。これは神祭りのあり方からしても看過できないところではないだろうか。

社頭の儀　下社に祭列が到着すると、社頭の儀になる。『儀式』文は以下のとおりである。

斎王、先づ下社に詣る。暫く社頭の幄《あく》に留まり、御衣裳を脱ぎて、更に清服を著す。即ち、腰輿《たごし》に駕して社に入る。

斎王は「社頭の幄」で衣服を「清服」に改め、「輿」（肩に担ぐ輿）から「腰輿」（手で腰に支える輿）に乗り換える。さらに「社頭の幄」からは祭列を一〇〇名程度の規模に改めて、下社に向かう。

未だ社に到る十丈許《ばかり》、斎王、腰輿を下りて歩行し、両面《りょうめん》を以て道に布く、社前の左殿の座に就く。其の内蔵寮の幣、社の中門に到る。史生二人、舎人に相代はり、捧げ持ちて社に入る。使、座に就く。寿詞《よごと》了りて後、禰宜・祝に付して退出す。訖りて、斎王、幄に還る。此の時、少将・馬寮頭、馬場に向ひて、御馬を走らしむ。訖りて府に還るなり。上社の次第行事、此の前の如し。但し、斎王、社前の右殿の座に就く。

下社の手前で、斎王は「腰輿」を下り、「両面」（敷物）の上を歩行して、「社前の左殿の座」に就く。内蔵使は「幣」（天皇の幣帛）を内蔵寮の「史生二人」に捧げ持たせて、社に入る。近衛使は座に就き、「寿詞」（祝詞）を奏上する。終わると、「幣」と「寿詞」を下社の「禰宜・祝に付して退出す」。この後、馬場では走馬があり、下社の神事が終了する。つづいて、一行は上社に向かい、上社で下社同様の神事を行った。ただし、上社での斎王は「社前の右殿の座」に就いたという点が下社の儀と異なるところであった。

右の箇所が賀茂祭当日のもっとも中心的な部分である。しかし、貴族の日記も含めて諸史料に関係記事が乏しく、儀式関係書においても『延喜式』六「斎院司」『延喜儀式』『江家次第』六に『儀式』と大同小異の記述を見る程度である。したがって、社頭の儀が具体的にどのように行われていたのか、はっきりしないところが少なくない。

左右殿の座　社頭の儀の中で、斎王や勅使の著座の位置について問題にしてみよう。斎王は下社の「左殿座」、上社の「右殿座」に就く（『儀式』）というのであるから、しかるべき常設の社殿が存在していたことは間違いないだろう。ただし、それが具体的にどの建物に当たるのかといった点は不明であるが、解決の手がかりがないわけではない。

というのは、摂関家が一〇世紀後半から行ったカモ詣（四月中酉日）の際の「主人」の著座場所が参考になるからである。『江家次第』二〇によると、「主人」は下社の「舞殿」に著座して、それより先には足を踏み入れていない。神宝や金銀幣を神殿に奉納するのは下社の神職の役目であった（上社も同じ）。

同様なことは『年中行事絵巻』別本巻一の賀茂臨時祭図からもうかがえる。賀茂臨時祭とは九世紀末から恒例化した王権の祭りで、勅使は一一月下酉日に社頭で奉幣、祝詞奏上をするが、『年中行事絵巻』（図12）には上社の橋殿《はしどの》（舞殿）で東遊《あずまあそび》が奉納されている様子や、その手前（南側）に大勢の供奉の人々が描かれている。注目すべきは橋殿と楼門との中間に注連縄《しめなわ》が張ってあり、その下に幣帛などを載せる案《あん》（八脚机）が置かれている点である。しかも、この注連縄より奥（北側）には誰一人として描かれていないことからすると、注連縄を境界線として、奥が神の空間、手前が人間の空間として区別されていたのではないだろうか。このような点を考えると、賀茂祭においても、斎王や勅使が神前に進むとしても、注連縄の手前の橋殿（舞殿）までで、それより奥に立ち入ることはなかったと思うのである。

なお、図12の『年中行事絵巻』について、もう一点、指摘しておこう。絵巻に描かれている社頭の景観は現状と共通するところが多いが、その点からすれば、玉橋の脇に注連縄が低く張ってある岩は岩上ではないだろうか（図9、九六ページ）。現行の賀茂祭では、勅使が橋殿で祭文《さいもん》（祝詞）を読んだ後、宮司はその祭文を神殿に奉納する。終わると、宮司は岩上で勅使に返祝詞（神の返事）を奏することになっている。

この儀は上社現存最古の年中行事書で、一四世紀初頭成立の『嘉元年中行事』にもつぎのようにあった。

こんえつかひ参てはし殿にざす……ちやくざしてまづ二はい、其後せんみやうをひらく、又二はいして祝言師にわたす、これをもて御前に参ていぬふせぎとにて祝言申、ちやうのあふひをとりて、片岡の御まへのしめの中、石の上にして、帰祝言《かえしののりと》申て、あふひを使にわたす。

これによると、近衛使は橋殿に著座して、「せんみやう」（祝詞）を開き、「祝言師」にわたす。「祝言師」は神前で祝詞を奏上し、「しめ」を張った「石の上」（岩上）で「帰祝言」を申すという。つまり、近衛使（橋殿）―「祝言師」（岩上）という関係からしても、やはり、注連縄から奥は神の空間とみられよう。そして、神の空間には七世紀後半から常設の神殿が建てられていた可能性が高い。斎王や勅使はカモ神社の常設の神殿に神が常住していることを前提として、賀茂祭に奉仕し、橋殿（舞殿）に著座したものといえよう。

儀（『年中行事絵巻』別本巻1）

図12　賀茂臨時祭 上社社頭の

斎王の役割

賀茂祭における斎王の役割は中酉日に神前に進むことであったと思う。ところが、従来、賀茂祭の研究者の間では別の見方がなされていた。すなわち、賀茂祭前の、中午日《うま》に上社で行われた御阿礼《みあれ》祭での斎王の奉仕が指摘されることが多いのである（坂本和子「賀茂社御阿礼祭の構造」〈『国学院大学紀要』三、一九七二年〉）。はたして、賀茂祭以外の場で、斎王の役割があったのだろうか。ここで検証しておきたい。

斎王が御阿礼祭に奉仕したという学説の拠り所となった史料は、唯一、『新古今和歌集』三―一八二の歌である。

斎院に侍ける時、神館にて　式子《のりこ》内親王

わすれめや葵を草にひき結びかりねの野べの露のあけぼの

(忘れられようか、決して忘れられない。葵を草枕として仮寝をした野辺の、露を置いた曙の景色を)

坂本氏は、この歌から、御阿礼祭において御阿礼所から本殿への神幸に際して、斎王が神館で神幸を迎え、さらに神幸に従って、本殿に奉仕したと指摘された。しかし、式子内親王の歌から、右のような理解を導き出すことはできないように思われる。その理由はつぎの三点である。

第一に、もし、問題の歌を斎王による御阿礼祭奉仕の歌とすると、斎王は遅くとも午日夜よりも以前に上社神館に入っていなければならないという点である。ところが、斎王が紫野の斎院を出立するのは賀茂祭当日の酉日であった。このことは儀式書などの諸史料をもとに先に指摘したとおりである。酉日以前に斎王がカモ神社に向かった形跡はまったくないのである。また、『新古今和歌集』の注釈書の多くは同歌を賀茂祭の前夜、斎王が神館で潔斎のため一夜を明かした時のものと解釈しているが、これも右と同じ理由で成立不可能である。この歌にいう斎王の「かりね」とは賀茂祭後の酉日夜の出来事を指すとみる以外、考え難いのではあるまいか。

第二に、題詞の「神館」の所在地についてである。現在、御阿礼所と本殿とのほぼ中間地点に、神館跡と称する伝承地がある。この伝承地の存在が斎王の御阿礼祭奉仕説を生んだ一因ともなっているが、同所が実際、神館跡であったか否か、決め手があるわけではない。神館跡説の起源としては、『嘉元年中行事』に「むかしはさ院の御所のあと也、いまはあくのやたつ」とあるのにたどりつくが、同書の成立は斎王制廃絶後、一〇〇年近くを経過した時期であり、かつ、引用した箇所から「さ院（斎王）の御所」そのものはすでに失われてしまったようである。それゆえ、『嘉元年中行事』にどこまで正しい伝えが記されているのか、はっきりしない。『嘉元年中行事』とほぼ同じ時期に書かれた『河海抄』一二には「御生所は神館にありと云々。祭の時の御旅所なり」として、必ずしも、斎王の神館説だけが伝承されていたわけではなかった。先にも触れた『賀茂別雷神社社頭絵図』によると、本殿の西南方に院御所があった。これを斎王の御所（神館）にあてる説（福山敏男『神社古図集〈復刻版〉』臨川書店、一九八九年）もあり、むしろ、この方が斎王が宿泊する（「かりね」）施設としてふさわしい。すくなくとも、「神館」を現神館跡伝承地とする可能性はさほど高いようには思われないのである。

第三に、斎王が上社の神館に入る目的である。それは御阿礼祭奉仕のためでも、賀茂祭前の潔斎のためでもなく、賀茂祭後の宿泊が目的であったと思う。『小右記』天元五年（九八二）四月二五日条に神館のことを「宿院」と記してあること、『左経記』長元元年（一〇二八）四月二〇日条などに「神立宿」とあることも宿泊施設説を支持しよう。

以上のことを整理すると、斎王は中酉日に斎院を出発して、賀茂祭に奉仕、賀茂祭終了後の同日夜に上社の神館に一泊したのである。式子内親王の歌は、内親王が斎王を退いた後、法住寺殿《ほうじゆうじ》（京都市東山区にあった後白河上皇の院の御所）の北殿（萱《かや》御所）に住んだ際に、神館での宿泊を回想して「かりねの野べ」と比喩的に歌ったものであろう。

では、斎王の賀茂祭における役割は何であったろうか。『朝野群載』一二所載の「賀茂祭」祝詞にその手がかりがある。

天皇が御命に坐せ、掛《かけまくも》畏《かしこ》き皇太神に申給はく。太神の助け給ひ、護賜に依て、天皇朝廷は平く大座て、食国の天下、事無く有可と為てなむ、常も進る宇都《うず》の大幣を、内蔵頭若しくは助位姓名に捧持令て、阿礼乎止己・阿礼乎止女・走馬、進らると申す。

某年四月　日中酉日

この祝詞は、日付が「中酉日」であるので、賀茂祭当日、内蔵使が奏上するものであることは疑いない。ここに、アレヲトメ（斎王）は祈願達成のためにアレヲトコ・「大幣」・「走馬」と並んで神前に「進らる」存在であったことに注意したい。すなわち、斎王は社頭の儀でアレヲトコなどとともに橋殿に著座したというのが賀茂祭の奉仕の中身だったのであろう。岩上より奥の、神の空間に斎王が進むことはなかったと思うのである。

戌日の儀

中戌日には内裏で解陣の儀が行われた。『内裏式』や『儀式』には「戌日早旦」解陣とあるので、本来は早朝に執行された儀であったろう。しかし、実例で見る限り、たとえば、「午後、中納言藤原顕光《あきみつ》卿参入し、警固解陣の事を行はる。亥二刻（午後九時半）、退出す」（『権記《ごんき》』正暦五年〈九九四〉四月一七日条）の例からもわかるように、解陣の儀は必ずしも早朝には実施されていなかったようである。

同日には斎王が上社神館から斎院に帰還した（還立儀《かえりだち》）。斎王一行は上社を出で、カモ川を渡り、そのまま大宮末路を南下して斎院に戻った。『枕草子』三八段・二〇五段によると、清少納言は「祭の還《かえ》さ」を雲林院《うりんいん》・知足院《ちそくいん》の前に車を止めて見物したとあり、『中右記《ちゅうゆうき》』大治四年（一一二九）四月二六日条には、白河法皇・鳥羽上皇・待賢門院《たいけんもんいん》が「巳時許」（午前一〇時）に神館付近で車から行列を「御覧」になり、さらに知足院殿大門前で車を止めて見物したとあるので、貴族たちは祭の還さを船岡山の東側、大宮末路で見物するのがならいであったらしい。また、『新儀式』（『鴨脚《いちょう》秀文文書』所引）には「明日（戌日のこと）早朝、斎内親王、院に帰る」とあるが、右の『中右記』の記事や「申剋（午後四時）に及び、斎王、本院に帰る」（『左経記』万寿二年〈一〇二五〉四月二三日条）などからすると、早朝の帰還ではなかったことが知られる。

賀茂祭、その後

これまで儀式書や貴族の日記をもとに平安期の賀茂祭について検討してきた。最後に、現代の葵祭までの変遷を簡単に述べておきたい。

何度か述べたところであるが、一三世紀初頭に斎王の制が途絶えた。以後、今日にいたるまで賀茂祭での斎王の奉仕は行われていない。応仁の乱後、賀茂祭は衰退し、文亀二年

（一五〇二）を最後に中断する。近世に入って、元禄七年（一六九四）に再興されたが、長期にわたる中断期間中に古儀で失われたものも少なくなかったようである。

賀茂祭は明治のはじめに大きく変容した。その一つは、一八七三年（明治六）に祭日の四月中酉日を太陽暦に換算すると、四月一五日であったが、この時期では祭りに必要な葵草が成長していないという理由で、翌年から祭日を一月遅れの五月一五日と改めたこと。もう一つは、一八六九年（明治二）の賀茂祭から宮中の儀が廃止されたことである。この明治期の変革のうち、後者は重要で、賀茂祭の基本構成（宮中の儀・路頭の儀・社頭の儀）から、宮中の儀を廃止するものであった。これは明治政府が東京に遷都し、伊勢神宮を中心とする全国的な神社秩序を創設しようとする際に、江戸時代の朝廷と賀茂祭との特別なつながりは不要とした結果だといわれている。これにより、賀茂祭は一神社の祭りとなった（高木博志「維新変革と賀茂祭・石清水放生会」〈『近代天皇制の文化史的研究』校倉書房、一九九七年〉）。

二〇世紀に入って、一九四二年（昭和一七）まで路頭・社頭の儀が続いたが、戦争の影響で、翌年からは社頭の儀だけが行われることになった。戦後、一九五三年（昭和二八）に路頭の儀が復活、一九五六年（昭和三一）には路頭の儀に斎王代が登場するようになるが、これは観光目的の〝復活〟であった。

このように賀茂祭といっても、平安期のそれが現在にそのまま継承されているわけではない。葵祭を〝王朝絵巻〟と速断することに躊躇せざるをえないのである。

カモ神社の御阿礼祭

御阿礼祭の起源伝承

平安時代以降、賀茂祭といえば、王権の祭りとしての賀茂祭を指した。しかし、それ以前の時代においては、賀茂祭は別の祭りのことであったとみられる。すなわち、カモ神社の御阿礼《みあれ》祭である。この祭りは平安期には賀茂祭の前、中午日から数日間行われており、起源も古く溯る。『山城国風土記』逸文（『釈日本紀』九所引）には御阿礼祭の起源伝承が語られているので、ここでは、まず、『風土記』の伝承を考察する中で、八世紀前半の『風土記』時代の御阿礼祭を復元する作業からはじめたい。

タマヨリヒコ・タマヨリヒメ

……賀茂建角身命《かものたけつのみのみこと》、丹波の国の神野の神伊可古夜日女《かむいかこやひめ》にみ娶《あ》ひて生みませるみ子、名を玉依日子《たまよりひこ》と曰《い》ひ、次を玉依日売《たまよりひめ》と曰ふ。a玉依日売、石川の瀬見の小川に川遊びせし時、丹塗矢《にぬりや》、川上より流れ下りき。乃《すなわ》ち取りて、床《とこ》の辺《へ》に挿し置き、遂に孕《はら》みて男子を生みき。人と成る時に至りて、外祖父、建角身命、b八尋屋《やひろや》を造り、八戸の扉を竪《た》て、八腹《やはら》の酒を醸《か》みて、神集《つど》へ集へて、七日七夜楽遊《うたげ》したまひて、然《しか》して子と語らひて言《の》りたまひしく、「汝の父と思はむ人に此の酒を飲ましめよ」とのりたまへば、即《やが》て酒杯《さかずき》を挙げて、天に向きて祭らむと為《おも》ひ、c屋の甍《いらか》を分け穿《うが》ちて天に升《のぼ》りき。乃ち、外祖父のみ名に因りて、可茂別雷命《かもわけいかずちのみこと》と号《なず》く。謂《いわ》ゆる丹塗矢は、乙訓《おとくに》の郡の社に坐せる火雷神なり。可茂建角身命、丹波の伊可古夜日売、玉依日売、三柱の神は、蓼倉《たでくら》の里の三井の社に坐す。

傍線部aは、タマヨリヒコが「石川の瀬見の小川」（カモ川）で川遊びをした時、「丹塗矢」が流れ下り、それによって「男子」（上社の祭神、「可茂別雷命」）が誕生したというもので、当該譚に対応する神事が毎年、行われていたことが想定される。それは松前健氏が指摘されているように、「水辺で聖なる矢を立てて、神霊を迎え、神がその女性によりつくという神事」であった（「石上神宮の祭神とその祭祀伝承の変遷」〈『古代信仰と神話文学』弘文堂、一九八八年〉）のかもしれない。いずれにしても、「丹塗矢」に表徴されるタマヨリヒコ（カモ神社の男性神職、祝《はふり》）とタマヨリヒメ（女性神職、斎祝子《さいご》）との性的結合によって別雷命が誕生する（ミアレ）という神事があったとみてよいだろう。そして、「丹塗矢」＝雷神が本来、鎮まっていたのが、上社の神体山の神山であった。

なお、飯島吉晴氏は、性的結合は夜に行われる。昼間は秩序や論理が重視される時間帯なので、結婚は行われないと指摘されている（「祭りと夜」〈『大系日本　歴史と芸能』一、平凡社、一九九〇年〉）。飯島氏の指摘を参照すれば、古代においても、真夜中に御阿礼祭の聖婚儀礼が行われていたとみられよう。

一四世紀初頭の『嘉元年中行事』や延宝八年（一六八〇）の『賀茂注進雑記』は御阿礼祭の実施を四月中午《うま》日とするだけで、その時刻を記していないが、延宝二年の『賀茂大神宮年中神事略次第』では同日「酉刻《とり》」（午後六時）から神事がはじまるように記述されている。近世では聖婚儀礼は行われておらず、御阿礼所から神幸が実施されるだけであったが、それでも神事の時間帯だけは古い形が受け継がれた可能性があろう。

八尋屋　b・cでは、「男子」が人となる時、外祖父が「八尋屋」を造り、神々を集めて父親を探させると、子神は「酒杯」をあげて「八尋屋」の屋根を分けて天に昇っていったとある。このうち、「八尋屋」とは、神を迎えて祭る仮設の神殿と考えられるのではないだろうか。というのは、子神のためにわざわざ「八尋屋」が新しく造られていること、昇天する子神のために屋根に穴が開けられて建物として使用不能となってしまうことの二点が考慮されるからである。

もっとも、「八尋屋」を仮設の神殿とする場合、「屋の甍」をどのように理解するか、また、「八尋屋」の大きさをどう考えるかは問題であろう。

まず、前者についていえば、「甍」とは棟瓦か瓦葺の屋根を指すのが普通である。しかも、子神が瓦をバリバリと破って昇天するというのは子神が雷神たるにふさわしいと思えるからである。もし、この見方が正しいとすると、「八尋屋」を仮設の神殿と見ること自体が疑われよう。しかしながら、伴信友は「もと草《カヤ》もて棟《ムネ》を葺《フキ》合はせたる処を云ふ、今《ノ》世にては、瓦葺にのみ云《フ》ごとく思ふめれど、然らず、」と指摘して、『延喜式』七「践祚《せんそ》大嘗祭《だいじょうさい》」に、仮設の神殿である大嘗祭の悠紀《ゆき》・主基《すき》院の正殿が「甍に堅魚木《かつおぎ》八枚を置く」とある例をあげている（『瀬見小河』）。卓見であろう。「屋の甍」とあっても、仮設の神殿説は十分成り立つのである。

後者の点については、「八尋屋」の「尋」は両腕を広げた時の右指先から左指先までの長さ（一六〇センチ程度）をいうので、まさに広大な建物という意である。祭りの際の仮設の神殿は小さな施設であり、それが神社の井桁《いげた》土台の小神殿に継承されていることは前に述べたとおりである。「八尋屋」はすくなくとも仮設の神殿にふさわしくない。しかし、『風土記』の文章には「八尋屋」「八戸の扉」「八腹の酒」「七日七夜」と、いわば伝承の修辞として、八・七の数字が多用されている。したがって、「八尋屋」を額面通りに受け取って、大神殿と解する必要はあるまい。「八尋屋」の流れをくむのが現在の上社の神殿であろうが、これも井桁土台の建築であった。

五穀成就

『本朝月令』所引『秦《はた》氏本系帳』逸文には、もう一つのカモ神社に関する『山城国風土記』逸文が伝わっている。

……其の祭祀の日、馬に乗ることは、[d]志貴島《しきしま》の宮に御宇《あめのしたしろ》しめしし天皇の御世、天の下国挙《こぞ》りて風吹き雨零《ふ》りて、百姓含愁《うれ》へき。その時、卜部《うらべ》、伊吉《いき》の若日子に勅して卜へしめたまふに、乃ち卜へて、賀茂の神の祟なりと奏しき。仍りて[e]四月の吉日を撰びて祀るに、[f]馬は鈴を係け、人は猪の頭を蒙《こうむ》りて、駈馳《は》せて、祭祀を為して、能く禱《ね》ぎ祀らしめたまひき。因りて[g]五穀成就《みの》り、天の下豊平なりき。馬に乗ること此に始まれり。

「志貴島の宮に御宇しめしし天皇の御世」(欽明天皇)、天下の風雨がひどく、百姓が困った。天皇は、朝廷に仕える壱岐出身の卜部、「伊吉の若日子」にトわせると、カモの神の祟《たたり》とわかり、馬を走らせるといった神事が行われたという話である。ここからも御阿礼祭の具体的な様子がうかがわれる。

まず、第一として、dに御阿礼祭が欽明朝にはじまったとしていることである。この伝承にいう年代にいくばくかの真実が含まれているとすれば、御阿礼祭のはじまりは六世紀中ごろということになろう。

第二として、御阿礼祭の祭日はe「四月の吉日を撰びて」とあるように、後の時代のように特定の日に固定化していなかったらしいことである。

第三として、fの走馬《はしりうま》は神を喜ばせる手段であり、かつ、年占《としうら》行事でもあったとみられること。しかも、走馬には会集する人々が多かった（後述）という点からも、fは昼間の行事と考えてよいだろう。なお、走馬の際、「人は猪の頭を蒙りて」とあるのは他に例を見ないところで、とくに「猪」字は別の字の誤写である可能性も否定できない。しかし、『延喜式』八「祈年祭」祝詞に御年神に白猪が奉られるとあり、猪と五穀豊穣とは関係するという説（肥後和男「賀茂伝説考」〈『日本神話研究』河出書房、一九三八年〉）や、中国の雷公は猪のような姿をしており、御阿礼祭もその影響下にあったとする説（松前健「神話における日本と中国」〈『日本神話と古代生活』有精堂、一九七〇年〉）もあり、ここでは誤写説を取らないこととしたい。

第四として、gの「五穀成就り、天の下豊平なりき」とあるのが御阿礼祭の目的である。上社の祭神は雷神であった。雷には、雷電を稲妻・稲光り・稲つるびと呼ぶことからも、生育中の稲が雷の来訪によって稲穂を実らせるという信仰があったことは周知のとおりであろう。京都盆地の雷多発地帯は比叡山からカモを経て松尾に至る辺りといわれている。カモの地ではカモ県主《あがたぬし》一族によって五穀豊穣を祈願して雷神が祭られていたのであろう。

以上、『風土記』から御阿礼祭のあり方を復元することを試みた。その結果、御阿礼祭とは、四月「吉日」の前夜、神山から神を迎え、カモ神社の男女神職者の聖婚儀礼によって別雷神が誕生する。その神は仮設の神殿（「八尋屋」）に迎えられる。「吉日」昼間、神前では走馬が行われた後、神は神山に帰って行く——という形であったと推定されよう。

「賀茂旧記」の成立

鎌倉時代初期成立の『年中行事秘抄』四月賀茂祭条には、『風土記』とは若干異なる伝承が「旧記」として載録されている（以下、「賀茂旧記」と称する）。

I　旧記に云く。御祖《みおや》多々須《たたす》玉依媛命、始めて川上に遊びし時、美しき箭《や》流れ来りて身に依る有り。即ち之を取りて h 床下に挿す。夜、美男に化して到る。既に化身たるを知る。遂に男子を生む。其の父を知らず。是に於いて其の父を知らむが為に、乃ち宇気比《うけひ》酒を造り、子をして杯酒を持ちて父に供へしむ。此の子、酒盃を持ちて天雲に振り上げて云く、「吾《われ》は天神の御子なり」と。乃ち、天に上るなり。

II　時に御祖神等、恋ひ慕ひ哀れ思ふ。夜の夢に天神の御子云く、「各吾に逢はむとするに、天羽衣・天羽裳を造り、i火を炬《た》き、j鉾を擎《ささ》げて待て。又、k走馬を餝《かざ》り、l奥山の賢木《さかき》を取り、阿礼を立て、種々の綵色《さいしよく》を悉《つく》せ。又、m葵・楓《かつら》の蘰《かずら》を造り、厳に飾りて待て。吾、将に来たらむ」と。御祖神、即ち夢の教に随ふ。彼の神の祭に走馬幷びに葵蘰・楓蘰を用ゐしむること、此の縁なり。之に因りて、山本に坐す天神の御子を別雷神と称ふ。

「賀茂旧記」の伝承を便宜的に前半部Iと後半部IIに分けて示したが、Iは『風土記』と大同小異である。しかし、細かく点検すると、両者には見逃せない差異があった。それは、『風土記』には丹塗矢を単に「床の辺に挿し置き」とあったのが、Iではhのように「床下に挿す。夜、美男に化して到る。既に化身たるを知る」という、合理的で駄目押しの説明文が付け加わっている。「賀茂旧記」は『風土記』よりも後に成立した伝承であろう。

では、「賀茂旧記」はいつごろ成立した史料であろうか。「賀茂旧記」とほぼ同文のものが天暦三年（九四九）五月二三日付「神祇官勘文」（『平安遺文』一〇―四九〇五）に見えるので、「賀茂旧記」説は遅くとも一〇世紀中ごろまでには成立していたはずである。

「賀茂旧記」と御阿礼祭

「賀茂旧記」ではⅠで神が誕生―昇天した後、Ⅱで再び神出現にかかわる伝承があり、神出現の話が重複していることに注目したい。おそらく、Ⅱが『風土記』伝承の成立以後、一〇世紀中ごろまでの時期に加上されたのであろう。すなわち、Ⅱは、『風土記』のごとき御阿礼祭の男女の聖婚儀礼が衰退した後、新たに展開した祭りの起源伝承と推定されるのである。『風土記』の伝承は男女の性的結合による神の誕生という形であったが、Ⅱでは男女という関係ではなく、「御祖神《みおやのかみ》」（タマヨリヒメ）が別雷神を迎えるという話になっているのも、女性の神秘化の端的な表われといえよう（義江明子『日本古代の祭祀と女性』〈前掲〉）。

このように「賀茂旧記」のⅡには、一〇世紀中ごろの御阿礼祭の姿が反映しているとみられる。しかも、Ⅱの話の大筋は、昇天した「天神御子」を「御祖神」が思慕《しぼ》していると、「御祖神」の夜の夢に「天神御子」が出て来て「自分に逢いたいのなら」といって、神出現の数々の手段を教え、「御祖神」もそれに随って神を祭ったというものであるから、「天神御子」が教えた出現の手段にこそ、当時の御阿礼祭を読み解く手がかりがあるはずである。とすると、一〇世紀中ごろの御阿礼祭とは具体的にどのような内容であったろうか。

一〇世紀中ごろの御阿礼祭

「賀茂旧記」からうかがわれる御阿礼祭については以下の諸点が指摘される。

第一に、ｉの「火を炬き」から夜の迎神神事と、ｋの「走馬を餝り」「走馬」から昼間の行事を含む形で御阿礼祭が行われていたと推定されること。

第二に、ｊの「鉾を擎げて」とあるように、「鉾」を立てて雷神を迎えていたこと。ただし、このような雷神の祭りはカモ神社特有のものではなかった。『日本霊異記』上巻第一縁に、雄略天皇から雷神の招迎を命ぜられた小子部栖軽《ちいさこべすがる》は「赤き幡桙《はたほこ》を擎《ささ》げて馬に乗り」、磐余《いわれ》宮から「軽《かる》の諸越の衢《ちまた》」の間を疾走して、雷神を迎え、天皇の命に応えたという話があり、また、同書上巻第三縁には、尾張国阿育知《あゆち》郡の「一農夫」が雷鳴の中、「金の杖を擎げて立」つと雷が「小子」となって堕ちたという話がある。雷が大木などの高いところに落ちることは古代人も経験的に知っていたものと思う。「賀茂旧記」に見える雷神を迎える呪術は『日本霊異記』の例からも、各地で広く行われていた可能性があろう。

現在、御阿礼祭に先立って、本殿後方の御阿礼所に御囲が作られ、御囲からは角のように御休間木《おやすまぎ》が突き出ている。御囲は雷神を迎えるために設けられたヒモロキ、御休間木も雷神のための招《お》ぎ代《しろ》であるが、さらにいえば、御休間木は「賀茂旧記」の「鉾を擎げて」の名残ではないだろうか。

第三に、lの「奥山の賢木を取り、阿礼を立て、種々の綵色を悉せ」である。この一文はやや意味が取り難いが、現行の御阿礼祭において、矢刀禰《やとね》（神職）が御阿礼木を手に御阿礼所から境内に神幸し、棚尾社と切芝の遥拝所に立てる神事と対応すると考えたい（この点は後述する）。

第四に、mの「葵・楓の蘰を造り、厳に飾りて」とは「葵・楓（桂）」の枝を「蘰」（頭や冠の飾り）にするというもので、神の来臨を仰ぐ一手段であったことがわかる。これは賀茂祭にも取り入れられている。賀茂祭当日の早朝、松尾社司が内蔵寮に葵を進上し、勅使はそれを挿頭《かざし》（冠に挿す）にした（『本朝月令』所引『秦氏本系帳』）。また、戌日にカモ神社からもたらされた葵・桂を紫宸殿《ししんでん》や清涼殿の天皇御座に結び付けたという史料（『親信卿記』天延元年〈九七三〉四月一五日条）もある。なお、今日の葵祭でも葵・桂で社殿を飾り、勅使以下が冠に葵・桂を挿している光景を見ることができる。

第五に、「賀茂旧記」のII全体から知られるところであるが、ここにも常設の神殿のことがまったく出てこないことである。一〇世紀中ごろにおいてもなお、御阿礼祭では常設の神殿が前提とされていなかったのであろう。

御阿礼祭の起源伝承に関して述べてきたことを簡単に整理しておこう。『風土記』時代の御阿礼祭とは、夜、男女の神職者による聖婚儀礼により神（別雷命）が誕生し、神は仮設の神殿に祭られ、昼間には神前で走馬がなされた後、神山に帰るというもので、五穀豊穣を祈念して雷神を祭るものであった。

『風土記』から「賀茂旧記」へ

ところが、男女の聖婚儀礼が衰退していく中で、新たな祭りとその起源伝承が生まれた。それが「賀茂旧記」に見えるもので、遅くとも一〇世紀中ごろまでには成立していたはずである。それによると、御阿礼祭に走馬があること、夜と昼に神事がなされたことは『風土記』と同じであるが、鉾、御阿礼木、葵・楓の蘰による神迎えという祭りの新しい形態がうかがえる。現行の御阿礼祭には聖婚儀礼はなく、御阿礼所からの神幸が中心的神事になっているが、この淵源は『風土記』ではなく「賀茂旧記」の方に求められるのであろう。

御阿礼祭と人々の会集

七、八世紀の御阿礼祭

『続日本紀《しよくにほんぎ》』などには七世紀末から八世紀中ごろにかけて、御阿礼《みあれ》祭の盛んなる様子とそれに対する国家の弾圧をうかがわせる記事が散見する。まず、それを左に掲げておこう。

(1)山背国賀茂祭の日、衆を会めて騎射することを禁《いさ》む。(『続日本紀』文武二年〈六九八〉三月二一日条)

(2)賀茂神を祭る日に、徒衆《としゆうつど》会集ひて仗を執りて騎射ることを禁む。唯し、当国の人は禁の限に在らず。(『続日本紀』大宝二年〈七〇二〉四月三日条)

(3)詔したまはく、「賀茂の神祭の日、今より以後、国司毎年に親ら臨みて検《かんが》へ察《み》よ」と

のたまふ。（『続日本紀』和銅四年〈七一一〉四月二〇日条）
(4)家人、会集ふこと、一切禁断す。（『本朝月令』所引『類聚国史』神亀三年〈七二六〉三月条）
(5)勅したまはく、比年以来、賀茂の神を祭るの日、人馬会集すること、悉《ことごと》く皆禁断す。今より以後、意に任せて祭るを聴す。但し、祭祀の庭に闘乱せしめる勿《なか》れ。（『類聚三代格』一、天平一〇年〈七三八〉四月二二日勅）

右の五つの記事からも、いくつかの御阿礼祭の様相が浮かび上がってくる。第一に、(1)(2)(5)から、「騎射」が行われたこと。『風土記』や「賀茂旧記」には走馬とあったが、「騎射」とあるからには、流鏑馬のような行事も行われていた可能性があろう。第二に、(2)から、多くの人々が祭りに集まったこと、とくに、「当国」（山城国）以外からも民衆が祭りに参加していたこと。第三に、(5)から、人々が会集した際には闘乱に及ぶ場合もあったらしいこと、の諸点である。

(1)〜(5)の史料は、御阿礼祭の昼間の行事にたくさんの人々が群集して、時には闘乱に及ぶ。それに対して、国家の側が統制、弾圧を加えようとしたものばかりである。(4)の「家人」の会集一切禁止はその実効性も疑われる、かなり厳しい措置といえるが、(5)の「比年以来……」と一致しているので事実として認めてよいだろう。建前だけであろうが、(4)から(5)の時期には祭りへの会集はすべて禁止されていたことになる。

ところで、『風土記』には御阿礼祭の日は「吉日」とあり、もともと特定の日に決まっていなかったが、後世、それが中（下）午《うま》日夜に聖婚儀礼（御阿礼所からの神幸）、翌未《ひつじ》日からの数日間に誕生した神を前に走馬などが行われるようになっていく。このうち、人々が会集するのが後者の末日以後のことであり、国家の統制・弾圧が及んだのも同じ期間であったろう。この日程を頭に入れて、(1)〜(5)が出された日付に着目すると、(3)は下未日、(5)は下申《さる》日であるのに対し、(1)は三月、(2)は四月の初めの禁令であるから、人々が会集したはずの末日以後が特別に意識されていたとはいい難いと思う。おそらく、国司の干渉が強まるにつれて、御阿礼祭の祭日も「吉日」から、国家にとって統制しやすいように、八世紀の初めに特定の日に固定化されていったのではないだろうか。御阿礼祭の日程はカモ神社と国家との関係から、決定されていったものと思うのである。

国　祭

このような一連の律令国家による統制策の中に、(3)として山城国司による検察があった。それが後に御阿礼祭（申日）を国祭とも呼ぶ由来になったことは『江家次第』にも記されているとおりであり、また、先述のごとく、賀茂祭の内裏警固（末ないし申日）の要因となったのである。賀茂祭が実施されない場合でも内裏警固はなされた（『北山抄』『江家次第』）というのも、背景に国家が警戒する御阿礼祭があったことはいうまでもあるまい。

国家側は御阿礼祭を警戒し、山城国司による統制・弾圧策を実行したが、一方、御阿礼祭への民衆の会集はこれでなくなってしまったわけではなかった。

やや後の時代の史料であるが、平経高の日記、『平戸記《へいこき》』の寛元二年（一二四四）四月一四日条にも、

晩景、武衛（注略）を相伴して、賀茂に参詣す。男女群集す。上・下奉幣の後、帰り畢ぬ。

とあった。これは、中申日に経高が「武衛」（右兵衛佐平朝臣高望）を伴ってカモ神社に参詣し、下・上社で奉幣したという記事であるが、ここでも「男女群集」の事実が知られる。御阿礼祭に人々が会集するという伝統は長く継承されたとみられよう。

棚尾神社と切芝

さて、現行の御阿礼祭は、五月一二日の夜、いっさいの灯火が消された中、御阿礼所において、矢刀禰《やとね》と呼ばれる五人の神職がそれぞれ榊の枝（御阿礼木）を手にし、御囲《おかこい》前の立砂（二基）の周囲を回って、神を榊の枝に乗り移

らせてから、裏門（北門）を通って境内に入る。神幸では雅楽役《ががく》の神職が笏《しやく》拍子《ひようし》を打ち、秘歌を黙奏するだけである。境内では第一・第二の榊は棚尾《たなお》神社の神前に、第三・第四・第五の榊は一の鳥居と二の鳥居の間にある馬場の一角――切芝《きりしば》の遥拝所に立てられた（棚尾神社と切芝の所在については図9〈九六ページ〉参照）。この後、本殿の扉が開かれ、宮司による葵・桂の献上、祝詞《のりと》奏上などがあるという。このうち、祭りの核心部分は灯火が消された中で行われる神幸であり、本殿の儀は常設の神殿が成立した後に付け加えられた神事とみてよいだろう。

ところで、ここで注目したいのは本殿に神幸が行われなかった点である。なぜ、神幸の〝到着先〟が棚尾神社や切芝であったのだろうか。私はここに常設の神殿の存在を前提とする祭りとは異質の、古い祭りの姿を見出したいと考えている。もちろん、現行神事がどこまで古い形をとどめているのかという問題が残るが、ただ、つぎの点は確認しておきたい。

それは、現行御阿礼祭が寛保二年（一七四二）に記された『諸神事註秘抄』の神事次第とおおむね一致しているので、史料上、一八世紀代にまで溯ることは確実である。延宝二年（一六七四）の『賀茂大神宮年中神事略次第』には、榊の〝到着先〟について「次、御榊、社頭に安置せしむ甚だ秘なり。其の在る所は口訣《くけつ》なり」とあるのみで、御榊が安置される社頭の具体的な場所は秘伝として記されていない。一四世紀初頭の『嘉元年中行事』にいたっては神幸のこともはっきりとは書かれていないようである。

しかしながら、この問題に関して、以下に示す二つの史料は注目されてよいと思う。すなわち、その一つは前掲の「賀茂旧記」の「奥山の賢木を取り、阿礼を立て、種々の綵色を悉せ」、もう一つは『台記別記《たいきべっき》』久寿二年（一一五五）四月二〇日条の「馬場に榊を立てて、鈴・木綿を付く。庶人、或いは之を鳴らす」である。前者の場合、御阿礼祭の神幸との関係が必ずしも明瞭ではないが、後者では馬場に榊が立てられているというのであるから、馬場の榊は神幸の時の御阿礼木とみてよいだろう。

御阿礼木には左の三首の歌も参考になる。

(1)延長六年、中宮の御屏風の歌、四首、右近権中将うけたまはりて
　あれびきにひきつれてこそちはやぶる賀茂の川波うちわたりけれ（『貫之集』三）

(2)みあれひく
　わがひかんみあれにつけていのることなるなるすずもまづ聞えけり（『源順《したごう》集』）

(3)みあれひく賀茂の御戸代《みとしろ》ひき植ゑていまは年の神を祈らん（『曾禰好忠《そねのよしただ》集』）

(1)は延長六年（九二八）、右近権中将藤原実頼《さねより》（九〇〇〜九七〇）の歌で、「あれびき」のために、人々が連れ立って波立つカモ川をわたったという意。(2)は源順（九一一〜九八三）の歌で、「みあれ」をひいて祈ると鈴の音が聞こえてくるという意。(3)は曾禰好忠（一〇世紀後半の歌人）の歌で、「みあれ」をひいて祈るカモ神社の神田に苗を植えて、今改めて今年の豊作を神に祈ろうという意。

三首中の「あれびき」「みあれひき」とは、榊につけられた綱を引いて祈願をすることをいい、その榊には鈴もつけられていたとみられる。人々は「みあれひき」をして豊作を祈願したのであって、これは『台記別記』の記事と一致するところといえよう。

以上のことから、第一に、古代の御阿礼祭に参集した多数の人々は末日以後の数日間に、馬場の切芝で〝みあれひき〟をして神に豊作を祈願をし、走馬や「騎射」を観覧したということ、第二に、御阿礼祭が常設の神殿とは無関係に実施された祭りであったこと、の二点が指摘できるように思うのである。

摂関家カモ詣

御阿礼祭に群集したのは一般民衆ばかりではなかった。平安期に入ると、摂関家も一〇世紀後半からカモ神社への参拝をはじめ、恒例化する（摂関家カモ詣）が、この期日は四月中申日であることが多い。『師遠《もろとお》年中行事』などは中申日の儀としている。摂関家のカモ詣も御阿礼祭の期間中であった。

同じ日、天皇もカモ神社に行幸した。カモ神社行幸は白河天皇が最初で、『百錬抄《ひゃくれんしょう》』承保三年（一〇七六）四月二六日条に「賀茂社に行幸す。今年より御阿礼日を以て式日と為すべきの由、宣命《せんみょう》に載せらる」とある。しかし、二六日の干支は辛亥《かのとい》であり、この日付は『扶桑略記《ふそうりゃっき》』によって二三日（中申日）に改めるべきであろう。天皇の御阿礼祭期間中の行幸は承保三年以後の白河天皇の代に限られていたが、最初の天皇行幸日が御阿礼日とされ（『百錬抄』）、かつ、それが中申日であった（『扶桑略記』）点で、やはり、白河天皇の行幸も御阿礼祭を前提としたものであったといえよう。

ところで、摂関家のカモ詣の場合、「主人」は下・上社の舞殿（橋殿）に著座した（『江家次第』二〇）。白河天皇の御阿礼日行幸の場合、具体的な史料が残っていないので、社頭の儀などは不明とするほかないが、寛仁元年（一〇一七）一一月二五日の後一条天皇のカモ神社行幸では、当日、天皇は、社頭に木工寮官人によってあらかじめ準備された御在所にとどまり、天皇に代って上卿（藤原実資《さねすけ》）が舞殿（橋殿）に著座して、「宣命」を奏上するなどの儀が行われた（『小右記』）。この形が白河天皇の行幸の場合でも同様であったとすると、申日における摂関家カモ詣も天皇行幸も、賀茂祭の斎王・勅使が舞殿に著座したのと同様に、「主人」や上卿は常設の神殿を前に舞殿に著座していたことになる。これは人々の会集の対象が馬場の〝みあれひき〟であったことと対照的であったといわねばならないだろう。

御阿礼祭と賀茂祭

日本の神祭り

日本の古い神信仰では、神は常設の神殿に常住しているのではなかった。日ごろ、神は自然界におり、春と秋の祭日に人里を来訪する。奉斎する側は神を自然界から仮設の小神殿に迎え、篤くもてなし、神に祈願した後、神を再び自然界に送り帰す。祭りが終われば、仮設の神殿も取り壊すというものであった。

こうした神祭りのあり方は古代の史料に見える王権の祭りと著しく相違していたと思う。本書ではこれまで、王権の祭りとしての賀茂祭とカモ神社の祭りとしての御阿礼《みあれ》祭の次第を検討してきた。両祭はともにカモ神社を舞台とした祭りであったが、創祀年代・目的・主体・神事などの諸点で大きく相違するものであったといえる。表2は両者の相違、ズレ

表2　賀茂祭と御阿礼祭との相違

	賀茂祭	御阿礼祭
開始年代	平安初期	欽明朝カ
目的	皇城鎮護（カモと松尾）	五穀豊穣（カモ神社のみ）
主体	王権（斎王・勅使）	カモ県主、人々の会集
日程	酉日の昼間	午日夜〜申日
神事	宮中・路頭・社頭の儀	神誕生の秘儀（ミアレ）、神の送迎
神殿	常設の神殿（神の常住）	仮設の神殿（神の来訪）

を整理したものである。

二つの祭りの相違

表2からも明らかなごとく、二つの祭りにはさまざまな点で相違があった。とくに御阿礼祭の場合、神体山などの自然界とのつながりがはっきりしているのに対し、賀茂祭にはそうしたことが見出せない点は重要である。

賀茂祭の場合は宮中から一条大路、さらには社頭と一続きであり、しかも、社頭では斎王や勅使は舞殿（橋殿）までしか進んでいなかったらしい。おそらく、斎王や勅使は常設の神殿を目指して参拝・奉幣したものと思われる。現行の葵祭においても、勅使や斎王代が上社に到着する前に、上社では本殿祭が行われている。本殿祭では本殿の扉が開かれるが、社頭の儀が終わるまで閉扉されることがない。この間、本殿に坐す神が社頭の儀を見る形になる。つまり、王権の側はあくまでも神の常在を前提に賀茂祭を執行していたのであろう。

それに対して、カモ神社の側は、あるいは今日に至るまでといってもよいかもしれないが、御阿礼祭の祭場を神山・御阿礼所・棚尾《たなお》神社・切芝《きりしば》として、常設の本殿を祭りの対象にしていなかったのである。このように賀茂祭と御阿礼祭とは祭りの場も相違していたことに注意したいと思う。

賀茂祭の特質

ここで、改めて、日本の古い神信仰のあり方を基準に、御阿礼祭と賀茂祭とを比較すると、後者の方が日本の神の信仰に近いことは明らかであろう。一方、賀茂祭の方には特徴として三点があげられる。

すなわち、第一に、賀茂祭には自然界からの神の送迎や神誕生の神事が含まれていなかったこと、第二に、賀茂祭が常設の神殿、神の常住を前提としていたこと、第三に、賀茂祭が昼間という本来の祭りにふさわしくない時間帯だけで執り行われていたこと、の三点である。かかる点において、賀茂祭は日本の神信仰とは性格の異なる祭りであったことが認められよう。

そもそも、古代の史料に登場する祭りとは、その史料の属性からしても王権や国家側の祭りが圧倒的に多い。それに比べて、各地の名もない神社や集落で行われていたはずの祭りに関する史料は極めて乏しい。しかし、だからといって、賀茂祭のごとき王権の祭りを古代の祭りのすべてとみなすことはもとより誤りといわねばなるまい。むしろ、これからは御阿礼祭のような自然界とのつながりをもつ祭りが各地の神社で広範に展開していたことを予想しておく必要があろう。

ところで、御阿礼祭と賀茂祭との相違については右に述べたところであるが、これまで触れてこなかった点として、穢《けがれ》への対応の差異も認められる。両者の性格の違いをさらにはっきりさせる意味からも以下に触れてみたいが、そのためには穢とは何かという問題から説き起こしていかねばなるまい。

穢とは

穢とは平安時代の貴族社会で貴族たちの行動を規制していた社会観念であった。穢をめぐる諸規定は『延喜式』三「臨時祭」に詳しいが、それによると、穢は死、出産、六畜（家畜）の死・出産、失火が中心であったことがわかる。穢の定義については諸説があるが、山本幸司氏は、穢とは「人間の社会生活の安定した在り方と、そこに形成されている人間の安定した社会関係に対し、攪乱的あるいはそれを脅かすような事象」である。すなわち、人間の死は社会からの成員の離脱、出産は成員の新加入、また、家畜（とくに馬・牛・犬）の死・産は家畜が人間の家族構成に準ずる扱いを受けたもの、火災は生活の破壊であった。いずれも人間社会の秩序を攪乱するものであり、それを社会成員が忌避した結果、穢が社会的観念として定着していったとされている（『穢と大祓』平凡社、一九九二年）。

また、穢は穢の発生場所から他の場所の人に伝染するものとされていた。『延喜式』には穢の発生源を甲処とし、乙が甲処に入ると、乙処の人も皆、穢になる。丙が乙処に入ると、丙一人だけが穢となる。丁が丙処に入っても穢とはならないと規定されている。もっとも、穢の伝染は穢の発生地に入り、そこで著座、飲食することが要件である。つまり、穢処に入って同席、共同飲食をすれば穢は伝染するが、逆に立ったままで同席せず、あるいは共同飲食をしなければ、穢は伝染しない。さらに、垣根・塀・門によって仕切られた閉鎖空間は外部からの穢の侵入を防ぐが、その内部で穢が発生した際には、その閉鎖空間全体が穢となった。しかし、道路・橋・荒野・河原などの開放的な空間では穢に直接触れない限り、穢は空間的に伝染することがない。

穢に触れた人間は、神事への参加や内裏への参入を一定期間止められた。その忌み慎む日数については、人の死は葬儀の日から数えて三〇日、出産は七日、六畜の死は五日、産は三日、失火は七日と定められていた（『延喜式』）。したがって、穢は祭りの執行にも大きな影響を及ぼしたのである。

一例をあげよう。『日本紀略』延長元年（九二三）四月一七日条に「前の皇太子の穢に依りて、賀茂祭を停む」とある。前の皇太子とは醍醐《だいご》天皇の皇子、保明《やすあきら》親王のこと。延喜四年（九〇四）に皇太子に立てられたが、即位することなく、延長元年三月二一日、宮内の東宮《とうぐう》で没した。葬儀は三月二七日で、その日から三〇日間、神事が慎まれることになり、賀茂祭が停止されることになったわけである。

穢と祭り

このように穢が原因で賀茂祭が停止、あるいは延期された例はけっして珍しくなかった。しかも、穢によって停止、延期となる祭りは賀茂祭に限られていたわけではなく、祈年祭・新嘗《にいなめ》祭のほか、神嘗《かんなめ》祭・春日祭・平野祭などでも同様であった。このことに関して注目したいのは、祭りの停止を引き起こす穢の発生場所は内裏や宮内が圧倒的に多かったという点である。それは、内裏や宮内の穢が原因で停止されたのが、賀茂祭と同じく王権や国家側の祭りであったからであろう。

天永三年の失火穢

藤原宗忠の日記、『中右記』の天永三年（一一一二）一一月一日条にはつぎのような穢とカモ神社の祭りをめぐる興味深い記事が見られる。少し長くなるが、関係箇所を紹介してみたい。

一〇月二九日、下社境内の川合神社で火災が発生し、回廊・中門などが焼失した。おかげで下社の氏人が皆、失火穢《しつかえ》となってしまった。ところが、一一月二日は相嘗《あいなめ》祭日である。相嘗祭は養老令（神祇令《じんぎりょう》）に規定があるが、一一月上卯日に、畿内と紀伊国の四一社が朝廷の幣帛《へいはく》を供えて行う祭りで、カモ神社もそのうちの一社であった。天永三年には相嘗祭の直前にカモ神社で失火穢が発生してしまったわけで、『延喜式』の規定を遵守すれば、神事は七日間慎まねばならず、相嘗祭も一一月上卯日（二日）に直ちに実施できないことになる。そこで、白河上皇の御所で、どのように対処すべきか、上皇と御所に召喚された下・上カモ社司との間でつぎのような〝やりとり〟があった（以下の〝やりとり〟は意訳）。

上皇　相嘗祭の件、先例もはっきりしない。

社司　本社（カモ神社）の相嘗祭を延期することは考えられない。ただし、斎院での相嘗祭を延期する前例はあった。

上皇　本社に穢がある時に相嘗祭を行う例はあるのか。

社司　そうした例は知らない。ただし、「四月祭」の場合、穢があっても「供斎」は止めないが、勅使や斎王の参拝は停止している。この例に準じて相嘗祭を行うのがよいのではないか。とりわけ、「四月祭」は「重事」で、相嘗祭は「次事」である。

宗忠が先例を調べると、『文徳実録』斉衡元年（八五四）四月一九日条に「穢の事有るを以て賀茂祭を停む。但し、山城国（司）、斎供すること常の如し」とあった。この時の穢は下社に死人があったということは外記の調査で明らかである。また、康和二年（一一〇〇）四月に下社で穢があった時も「公家祭」（賀茂祭）は止めたが、「本社の供祭」は例年どおりであった。こうした例に依拠すべきことを宗忠は上皇に上申した。

ここでの考察に必要な箇所の紹介は以上でよいが、ついでにこの後の経緯と結末も簡単にまとめておこう。上皇の諮問に対して、明法博士《みょうぼう》は下社の氏人が失火穢に触れたので、上社の氏人が下社の相嘗祭を勤めればよいと答える。ところが、社司は下・上社は作法も氏も異なるとして、明法博士の案を受け入れない。そこで、宗忠は御卜《みうら》で決定すべきとし、さっそく、内裏の紫宸殿の軒廊《こんろう》で、神祇官と陰陽寮《おんみょうりょう》の官人が御卜を行い、結局、御卜の結果に従い、下・上カモ神社の相嘗祭は中卯日（一一月一四日）に延期して実施された。

一方、斎院相嘗祭は斎王の「月障《つきのさわり》」によってさらに延期されることとなった。

穢への忌避意識

この一件を振り返ってみると、社司側の主張は、穢があってもカモ神社の相嘗祭は延期しないというものであった。その際、参考にされたのが四月祭の場合で、ここでも穢があっても供斎を止めないという。この供斎はカモ神社側の祭り（御阿礼祭）を指すのであろう。また、宗忠が調査した『文徳実録』の例も下社に死穢《しえ》があったため酉日の賀茂祭は停止されたが、山城国司の斎供は実施したとあり、やはりカモ神社側の祭りは停止・延期にはならなかったことになる（山城国司の斎供と同様な例は『文徳実録』仁寿三年〈八五三〉四月二三日条、『三代実録』貞観八年〈八六六〉四月二三日条にもある）。『西宮記』恒例第二（裏書）には斉衡元年（八五四）の賀茂祭では警固が恒例のとおりなされたとあるので、この点からも警固の対象となった御阿礼祭（国祭）が実行されていたことは確実である。康和二年の場合も、下社に穢があったが、カモ神社の祭りは実施したというのであるから、右と同様な事情が想定されよう（『中右記』康和二年四月二五日条に「警固、常の如し」とある）。

以上の穢とカモ神社の祭りの実施に関して改めて注目したいのは、つぎのような穢と賀茂祭、カモ神社の祭りとの関係である。

(1)内裏や宮内での穢の発生→賀茂祭は停止（延期）
(2)カモ神社での穢の発生→賀茂祭は停止、カモ神社の祭りは実施

この二つの関係を天永三年の失火穢の例に照らし合わせてみると、カモ神社側が相嘗祭をカモ神社の祭りとして予定どおりに実施しようとしたのも、まさに(2)と共通の理由であったといえる。このことから、カモ神社側の穢に対する忌避意識は王権側と比べてさほど強くなかったことがうかがえよう。

では、この穢に対する忌避意識に差が生じたのはなぜだろうか。これについての私案を示せば、王権側が穢を理由に祭りを延期できたというのは、神が常設の神殿に常住していると観念されていたからではないだろうか。それに対して、神社側の祭りは祭日における神の来訪を前提としているため、祭りの停止・延期は簡単ではなかったと思うのである。

穢への対応という問題からも、右に述べたような王権の祭りの特殊性が浮かび上がってくるはずである。このような点からも、賀茂祭のような王権の祭りを古代の祭り全体の中で正しく位置づけていく必要があろう。

王権・国家の祭りと神社

神祇令の祭り

七世紀後半、日本の古代国家は律令制を導入して支配体制を整備した。それは祭りについても同じで、律令制下において国家が執行するさまざまな祭りは神祇令に規定された。神祇令に定められた一三種一九度の祭り（表3）をどのように理解するのかという点については諸説があるが、天皇支配と密接した祭りととらえることに異論はないだろう。ここでは神祇令の恒例の祭りを『延喜式』も参照しながら、国家と神社との関係という観点から整理してみたい。

祈年祭は二月四日に神祇官で行われる稲の豊穣を祈る祭りである。諸社から参向した祝《はふり》部《べ》（神職）を前に中臣《なかとみ》が祝詞《のりと》を読み、忌部《いんべ》が幣帛《へいはく》を頒《わか》った（班幣）。この時、参向せしめら

表3　神祇令の祭り

仲春(二月)	祈年祭
季春(三月)	鎮花祭
孟夏(五月)	神衣祭・大忌祭・三枝祭・風神祭
季夏(六月)	月次祭・鎮火祭・道饗祭
孟夏(七月)	大忌祭・風神祭
季秋(九月)	神衣祭・神嘗祭
仲冬(一一月)	相嘗祭(上卯)・鎮魂祭(寅日)・大嘗祭(下卯)
季冬(一二月)	月次祭・鎮火祭・道饗祭

れた祝部の諸社が官社（式内社）で、『延喜式』では三一三二座（二八六一社）に及び、祈年祭の対象となった。なお、伊勢神宮だけは勅使を派遣して幣帛を奉った（奉幣）のであって、諸社への班幣とは区別される。

三月の鎮花祭は大和国城上郡の大神神社と狭井神社の祭りで、春に花が散る時に分散する疫神を鎮圧せしめるために行われた。両社の祝部が神祇官で幣帛を受けて祭る。

四月には、四日に大忌《おおいみ》・風神祭がなされる。前者は水の過不足なく五穀豊穣を大和国広瀬郡の広瀬神社に、後者は風の安泰を大和国平群郡の竜田神社に、勅使を派遣して幣帛を捧げ祝詞を奏上して祈る祭りで、七月四日にも実施された。神衣《かんみぞ》祭は伊勢神宮に神の御衣を奉る祭り。一四日が祭日で、神服部や麻績《おみ》連が奉納する。三枝《さいぐさ》祭は大和国添上郡の率川神社の祭りで、祝部が神祇官で幣帛を受けて祭る。祭りの名称は三枝花をもって酒樽を飾ることに由来するという。

月次《つきなめ》祭は六月一一日に神祇官で行われ、祭りの形態は祈年祭とほぼ同じである。ただし、「六月月次祭」祝詞に年穀祈願のことが見えず、月次祭の対象は三一三二座のうち、祈年祭に案上官幣《あんじょうかんぺい》を供える三〇四座（宮内・京・畿内が二六四座）に限られていた（一二月は一一日に行う）。なお、祭日の夜、天皇は神嘉殿《しんかでん》において神饌《しんせん》（旧穀）を食べる神事を行う（神今食《じんこんじき》）。

六月には鎮火祭《ひしずめ》がある。同祭は宮城四隅で火災を防ぐために卜部《うらべ》が火を鑽《き》って祭るもので、『延喜式』には祝詞と幣帛があがっている。また、同じ六月には道饗祭《みちあえ》が京の四隅で行われる。道饗祭は鬼魅《きび》が外より進入することを防ぐ祭りで、卜部が祝詞を唱え、幣帛を供えて祭る。鎮火祭、道饗祭はともに一二月にも実施される。

九月の神嘗祭は伊勢神宮の収穫の祭りで、一一日に大極殿後殿で勅使発遣の儀があり、外宮では一五日夜、禰宜が内人・物忌らを率いて御饌を供進し、一六日の昼間に勅使の奉幣や斎王による参拝がなされた（内宮は一六・一七日）。

一一月の相嘗祭についてはすでに述べたが、畿内と紀伊国の七一座（四一社）が対象で、諸社の神主が朝廷の幣帛を供えて祭る。鎮魂《ちんこん》祭は新嘗祭日前日（下〈中〉寅日）の夕刻に、宮内省の正庁で天皇・皇后の霊魂が身体から遊離しないように鎮める祭り（皇太子の鎮魂祭は巳日）。つぎの大嘗祭は毎年の新嘗祭のことで、下（中）卯日夜、天皇は神嘉殿で新穀を食べる神事を行い、同日、神祇官で諸社から参向した祝部に対して幣帛を頒つ。班幣の対象は月次祭と同じ三〇四座であった。翌辰日には豊明節会《とよのあかりのせちえ》が行われた。

勅使と幣帛と神社

以上の諸祭はいくつかの基準で類型化することが可能であるが、先ほど述べた国家と神社との関係という点からすると、三類型にまとめられる。

(1)特定の神社に勅使を派遣して幣帛を供えて祭る
大忌祭・風神祭・神嘗祭
(2)諸社の祝部を神祇官に参向させ、幣帛を受け取らせて諸社で祭る
祈年祭・鎮花祭・三枝祭・月次祭・相嘗祭・大嘗祭
(3)その他の祭り
神衣祭・鎮火祭・道饗祭・鎮魂祭

(3)は伊勢神宮の神衣祭、宮城四隅での鎮火祭、京城四隅の道饗祭、宮内省内での鎮魂祭であるが、後三者は神社以外の特別の場所での祭りであった。それに対して、神衣祭は勅

使の派遣がない点で、(1)とは区別されるが、特定の神社を対象とするという点では(1)(2)と共通するところがある。

右のことからすれば、神祇令の祭りとは神社に幣帛を供えて祭る形が基本であったといえる。それには(1)の勅使派遣型と(2)の諸社祝部参向型との区別があったが、神祇令の祭りがあくまでも神社（式内社）を対象とするものであったとしてよいだろう。

そもそも、一神社が官社（式内社）に組み込まれると、国家によって常設神殿の造営が義務づけられたはずである。したがって、律令制下で国家の祭りの対象となったのはすくなくとも建前としては常設の神殿に神が常住している神社であったと見られるのである。

祈雨の祭り

右にあげた諸祭はいずれも恒例の祭りであったが、六国史や平安期の貴族の日記などにはおびただしい数の臨時の祭りの記事が見られる。また、『延喜式』にも臨時祭の規定がある。この臨時の祭りでは神社や幣帛の問題はどのように位置づけられるのであろうか。多様な展開を見せた臨時の祭りを逐一検討することは容易ではないので、ここでは私がかつて考察したことがある祈雨の祭りを材料に臨時の祭りの性格について述べてみたいと思う（拙稿「日本古代の『名山大川』祭祀」〈『古代国家の神祇と祭祀』吉川弘文館、一九九五年〉）。

祈雨の祭りは六国史（『日本書紀』天武紀から『三代実録』の終わりまで）を限ってみても二二五例の記事を拾い出すことができる。これは律令国家が日照りや霖雨《りんう》が続いた場合、しきりに祈雨の祭りを執行した結果といえよう。

ところで、六国史の祈雨記事を見ると、たとえば、『三代実録』貞観元年（八五九）八月九日条に「五月より今月に至るに霖雨す。仍《よつ》て使者を大和国丹生河上雨師《にゆうかわかみうし》社に遣して、幣・青馬等を奉らしむ。祈るに雨を以てするなり」というような記事が圧倒的に多い。すなわち、国家にとって、雨乞いとは勅使を神社（式内社）に派遣し奉幣して雨を祈ることであったといっても過言ではあるまい。

しかし、『続日本紀』文武二年（六九八）五月五日条に「使を京畿に遣して、雨を名山大川に祈らしむ」とあるように、『日本書紀』や『続日本紀』の祈雨関係記事の中に「名山大川」「名山岳瀆《とく》」への祈願の記事が見える。当該記事は一見すると、神社への祭りではなく、自然崇拝を思わせるものがあるが、そもそも「名山大川」とはいったい、何を意味するのであろうか。

「名山大川」の祭りは古代中国に先例があり、「名山大川」とは五嶽《ごがく》、四海、四瀆の山、海、大河を指し、「名山大川」に雨を祈ることは唐祠令《しれい》にも規定があった。つまり、日本の「名山大川」は『日本書紀』『続日本紀』編者が諸社への祈雨奉幣記事を中国の史書や古典を利用して潤色したにすぎない可能性が高いのである。はたせるかな、「名山大川」の語は『日本書紀』では巻二九の天武紀になく巻三〇の持統紀にのみ二例、『続日本紀』では前半部の巻一から巻一七の間に一一例が偏在している。祈雨の祭りにおいて、「名山大川」の語を手がかりとして神社以外の自然物が祭りの対象になっていたとは考え難いのである。

このように国家の雨乞いとは原則的には勅使を神社に派遣して幣帛を供えて祭るというものであったが、これは雨乞いの方法の一つにすぎなかったことも確かである。『日本書紀』皇極元年（六四二）七月二五日条に「群臣相語りて曰はく、『村村の祝部の所教《おしえ》の随《まま》に、或いは牛馬を殺して、諸の社の神を祭る。或いは頻《しきり》に市を移す。或いは河伯《かわのかみ》を禱る。既に所効《しるし》無し』といふ」とあるのは、在地社会での雨乞いをよく物語っている記事といえよう。このうち、「牛馬を殺して、諸の社の神を祭る」に関しては、各地の遺跡の発掘で牛・馬の骨・歯が発見されている。かかる点からすれば、雨乞いはすくなくとも勅使による神社奉幣――牛・馬の犠牲をともなわない――が唯一のものではなかったといわざるをえない。むしろ、雨乞いの、数ある手段の中で、国家が神社奉幣を選択したというのが実際だったのではないだろうか。

『延喜式』の祭り

『延喜式』五〇巻のうち、巻一から巻一〇までが神祇関係の式である。詳細な内容を含む『延喜式』の祭りの規定をどのように理解するのか、難しいところであるが、誤解を恐れずにいえば以下のとおりになろう。

巻一・二は四時祭式、巻三は臨時祭式、巻四は伊勢太神宮式であるが、式文の中心はそれぞれの祭りにどのような幣帛を供えるのか、その幣帛の一覧といっても過言ではあるまい。巻九・一〇は神名帳で、全国の式内社三一三二座のリストである。しかも、巻一～四には簡略ながら、各祭りの次第が記載されている。このように見ると、『延喜式』の祭りとは国家が幣帛を神社に供えることが中心であり、これはとりもなおさず、国家が重視した神社奉幣・班幣と一致していたということになろう。

以上のような、神祇令や『延喜式』に見る国家の恒例・臨時の祭りのあり方は賀茂祭においても同様であったことに注意したい。賀茂祭とは、勅使や斎王が常設の神殿に坐す神に奉幣・祈願する王権側の祭りであったが、基本的な形は律令国家の祭りと共通していたのである。

神社や祭りを見る眼

本書では、はじめに日本古代の基層信仰において、神々が自然界と強いつながりをもっていたことを述べた。それに対して、律令国家は、自然界から来訪する神を封じ込めてその力を積極的に利用するべく、官社に常設の神殿を造営するよう強要した。カモ県主《あがたぬし》のような在地首長が奉斎する神社にも七世紀後半には常設の神殿が国司の手で建てられたものと推定される。しかし、カモ神社の御阿礼《みあれ》祭では神体山の神山─御阿礼所─棚尾《たなお》神社・切芝《きりしば》を祭場に祭りが行われて、常設の上社本殿は御阿礼祭とは無関係の存在であった。このことは御阿礼祭の起源伝承である『山城国風土記』逸文や『年中行事秘抄』所引の「賀茂旧記」からも読み取ることができる。

それに対して、平安初期にはじまる賀茂祭はあくまでもカモ神社の常設の神殿に神が常住していることを前提に祭りを行うというものであった。このような賀茂祭のあり方は御阿礼祭と著しく相違する。賀茂祭には神の送迎の儀がなかったこと、昼間の神事であったことなどからすると、賀茂祭がいかに日本の古い神信仰とは異質であったかがうかがえよう。

しかし、古代において、賀茂祭だけがひとり特異な祭りの形態をとっていたわけではなかった。というのも、律令国家が執行した神祇令の祭りや臨時の祭りは基本的には勅使を神社（式内社）に派遣して幣帛を供えて祭るという形か、諸社の祝部を神祇官に参向せしめて幣帛を受け取らせ諸社で祭らせるという形であり、いずれも常設の神殿をもつ神社を対象とする点で、賀茂祭と共通するからである。

以上が、本書の概要であるが、これをわかりやすく図示すると図13のようになる。図左側の神社の祭りは自然界から神を祭日に仮設の神殿に迎えて祭るという御阿礼祭のような祭りのあり方を念頭に置いている。右側の王権や国家の祭りはいうまでもなく、賀茂祭のように常設の神殿を対象として祭りを行うというものである。そして、このような神社の祭りと王権や国家の祭りとのズレが各地の神社（式内社）で七世紀後半を有力な画期として生じ、以後、この二つの関係は神社において重層化しつつ継承されていくのであろう。

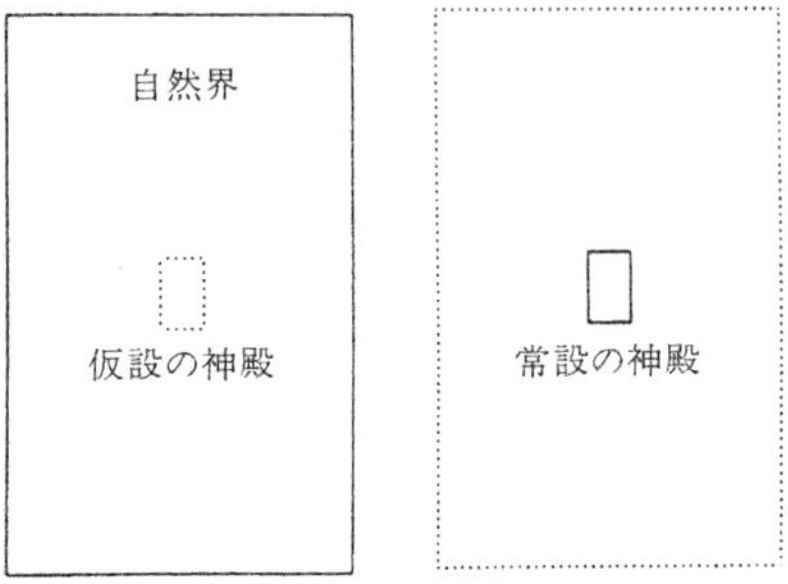

図13　神社の祭りと王権・国家の祭り

近年、私は機会があれば、各地の神社や祭りを見学するよう心がけている。各地の神社を訪ねた際、しばしば目にするのは、神社に参拝する人々が拝殿前で賽銭をあげて祈り、その後、社務所でお守りなどを購入して帰っていくという姿である。この参拝の仕方の是非を問うつもりはもとよりないが、先の図13でいえば、王権や国家の祭りと大差ない形といえる。しかも、そこでは古い神の信仰を伝える神体山、モリ、イワクラなどの存在が気づかれぬままというケースが非常に多いように思う。事情は祭りの場合も同様で、たとえば、葵祭では路頭の儀に人々は目をむけるが、御阿礼祭に関心をもつ人は少ないのではないだろうか。

現在、自然環境の破壊が大きな問題となり、今後は人間と自然が共生する道を模索することが求められるようになった。そのような中で、日本の神祭りや信仰の原点にもう一度立ち返って、神社や祭りを見る眼を点検してみることはけっして無意味ではないと思うのである。

参考文献

池辺彌『古代神社史論攷』吉川弘文館、一九八九年
稲垣栄三『原色日本の美術　一六　神社と霊廟』小学館、一九六八年
井上光貞「カモ県主の研究」（『日本古代国家の研究』岩波書店、一九六五年）
太田博太郎「式年造替私考」（『建築史学』一九、一九九二年）
大関邦男「律令制と神職」（『日本古代の国家と祭儀』雄山閣出版、一九九二年）
大場磐雄『祭祀遺蹟』角川書店、一九七〇年
岡田精司「賀茂の神話と祭り」（『京の社』人文書院、一九八五年）
同　『神社の古代史』大阪書籍、一九八五年
同　『古代祭祀の史的研究』塙書房、一九九二年
川原秀夫「律令官社制の成立過程と特質」（『日本古代の政治と制度』続群書類従完成会、一九八五年）
黒田龍二『中世寺社信仰の場』思文閣出版、一九九九年
座田司氏「御阿礼神事」（『神道史研究』八—二、一九六〇年）
佐伯有清『古代氏族の系図』学生社、一九七五年
嵯峨井建「鴨社の神仏習合」（『鴨社の絵図』財団法人糺の森顕彰会事務局、一九八九年）
坂本和子「賀茂社御阿礼祭の構造」（『国学院大学紀要』三、一九七二年）

直木孝次郎「森と社と宮」(『古代史の窓』学生社、一九八二年)
西宮一民『上代祭祀と言語』桜楓社、一九九〇年
伴信友『瀬見小河』神道大系『賀茂』神道大系編纂会、一九八四年
肥後和男「賀茂伝説考」(『日本神話研究』河出書房、一九三八年)
福山敏男『神社建築の研究』中央公論美術出版、一九八四年
義江明子『日本古代の祭祀と女性』吉川弘文館、一九九六年

あとがき

古代の神々や祭りを考えるにあたっては、主として文献史料をもとに論じていくのと、考古学の発掘調査の成果——祭祀遺跡や祭祀遺物——を中心に考察していくのと二つの道がある。このうち、本書では前者の立場で古代の神社や祭りに関する卑見を述べた。後者については、本書で扱った七〜九世紀代を限ってみても平城京などの都城、地方官衙、寺院、集落跡等々、神社とは直接関係しないようなところからも遺跡・遺物の発見が相次いで、尨大なデータが畜積されつつあり（「祭祀関係遺物出土地地名表」〈『国立歴史民俗博物館研究報告』七、一九八五年〉、金子裕之「律令制祭祀遺物集成」〈『律令制祭祀論考』塙書房、一九九一年〉を参照されたい）、ここで簡単に整理し尽くせるものではない。祭祀遺跡・遺物の問題に関しては別の機会に譲ることとしたい。

また、これとは別に基層信仰と仏教や陰陽道などとの関係も重要である。たとえば、

『日本霊異記』をひもといてみれば、個人や寺院が仏教だけではなく、それ以外の信仰とも結びついていた様子をうかがうことができる。このようなあり方からしても、神か仏かといった枠組みを取りのぞいて、古代の信仰全体を見直す必要があるが、この点も今後の課題とし、ここでは神社や祭りに対する私のささやかな体験を述べることとしたい。

自宅の近くに神社がある。かりにK神社としておこう。何の変哲もない、都内の片隅の鎮守様で、寛政八年（一七九六）銘の石鳥居があるので、一八世紀末までには神社は創建されたらしい。明治の社格では村社であった。

私は子供の頃（一九六〇年前後）にK神社の境内でよく遊んだ記憶がある。境内には森があり、その中心に覆屋におさめられた小神殿と、茅葺き屋根の拝殿、それに神楽殿、神輿庫、社務所などが立ち並んでいた。先代の宮司さんがいつも箒を手に境内をよく掃除されていたため、子供にとっても居心地の良い空間であったと思い起こされる。年二回の祭りも私には楽しみであった。もっとも、祭りといっても神輿を担いだ覚えはないし、屋台で金魚すくいなどをした経験もない。境内の大木の根元に腰掛けて、なぜか、夕方遅くまで、ひたすら神楽を見入っていたという〝お祭り小僧〟であった。

そのうち、私もK神社で遊ぶことがなくなり、祭りとの縁も薄くなっていった。やがて、宮司さんの代替わりという事情があったと推測されるが、一九六九年に本殿の覆屋と拝殿が鉄筋コンクリート造に建て替えられた。建物は以前と比べて二周りほど大きくなり、りっぱになったが、そのために境内の森の一部が伐採され、さらに別の木が切られて駐車場もできた。一九七九年には社務所もきれいに改築された。また、現在の宮司さんは兼業であるらしく、土・日曜日にしか神社におられない。そのせいか、境内の掃除も行き届かなくなり、鎮守の森は荒廃していった。うっそうとした木々は昼間も暗い感じを与え、夜になると、立ち寄り難い不気味さえする。境内で遊ぶ子供の姿もほとんど見かけなくなり、とうとう、数年前には境内の入り口近くに「付近に痴漢が出没、注意」といった警告の看板が出たことがあったほどである（念のため付け加えておくが、現在ではこの看板は取り払われている）。一方、一時期衰退した祭りも、近年はなやかに〝復活〟している。町内会や商店街の人々を中心に、近くのバス通りを車両通行止めにして大人や子供の神輿が威勢良く担がれる。しかし、私が子供の頃、不思議な魅力を感じていたはずの、あの神楽が演じられることはない。

K神社のここ三、四十年の変容ぶりはK神社に限ったことではなく、他の神社でも同様なケースが少なくないだろう。その中で失われていったもの、顧みられなくなってしまったものにもう一度眼を向ける必要があるのではないだろうか。このような、私のK神社への思いが本書のベースにある。

最後になったが、本書の刊行にあたって、佐伯有清先生および吉川弘文館編集部の方々に大変お世話になった。この場を借りてお礼申し上げたい。

二〇〇〇年一二月

三宅和朗

著者紹介
一九五〇年、東京都に生まれる
一九八〇年、慶応義塾大学大学院文学研究科
博士課程修了
現在、慶応義塾大学教授、博士(史学)
主要著書
記紀神話の成立　古代国家の神祇と祭祀

歴史文化ライブラリー
111

古代の神社と祭り

二〇〇一年(平成十三)二月一日　第一刷発行

著　者　三《み》宅《やけ》和《かず》朗《お》

発行者　林　英　男

発行所　株式会社　吉川弘文館
東京都文京区本郷七丁目二番八号
郵便番号一一三―〇〇三三
電話〇三―三八一三―九一五一〈代表〉
振替口座〇〇一〇〇―五―二四四

印刷＝平文社　製本＝ナショナル製本
装幀＝山崎　登

歴史文化ライブラリー

1996.10

刊行のことば

現今の日本および国際社会は、さまざまな面で大変動の時代を迎えておりますが、近づきつつある二十一世紀は人類史の到達点として、物質的な繁栄のみならず文化や自然・社会環境を謳歌できる平和な社会でなければなりません。しかしながら高度成長・技術革新にともなう急激な変貌は「自己本位な刹那主義」の風潮を生みだし、先人が築いてきた歴史や文化に学ぶ余裕もなく、いまだ明るい人類の将来が展望できていないようにも見えます。このような状況を踏まえ、よりよい二十一世紀社会を築くために、人類誕生から現在に至る「人類の遺産・教訓」としてのあらゆる分野の歴史と文化を「歴史文化ライブラリー」として刊行することといたしました。

小社は、安政四年(一八五七)の創業以来、一貫して歴史学を中心とした専門出版社として書籍を刊行しつづけてまいりました。その経験を生かし、学問成果にもとづいた本叢書を刊行し社会的要請に応えて行きたいと考えております。

現代は、マスメディアが発達した高度情報化社会といわれますが、私どもはあくまでも活字を主体とした出版こそ、ものの本質を考える基礎と信じ、本叢書をとおして社会に訴えてまいりたいと思います。これから生まれでる一冊一冊が、それぞれの読者を知的冒険の旅へと誘い、希望に満ちた人類の未来を構築する糧となれば幸いです。

吉川弘文館

〈オンデマンド版〉
古代の神社と祭り

On Demand
歴史文化ライブラリー
111

2019年（令和元）9月1日　発行

著　者　三《み》宅《やけ》和《かず》朗《お》
発行者　吉川道郎
発行所　株式会社　吉川弘文館
〒113-0033　東京都文京区本郷7丁目2番8号
TEL　03-3813-9151〈代表〉
URL　http://www.yoshikawa-k.co.jp/

印刷・製本　大日本印刷株式会社
装　幀　清水良洋・宮崎萌美

三宅和朗（1950～）

ISBN978-4-642-75511-5